UNIVERSITÉ DE NANCY. -- FACULTÉ DE DROIT

ESSAI HISTORIQUE

SUR LES

Institutions Judiciaires

DES

DUCHÉS DE LORRAINE ET DE BAR

AVANT LES RÉFORMES DE LEOPOLD Ier

Thèse pour le Doctorat en Droit

PRÉSENTÉE PAR

Charles SADOUL

AVOCAT A LA COUR

L'acte public sur les matières ci-après sera présenté et soutenu le Vendredi 27 Mai 1898, à 4 heures du soir

Président   M. GAVET, Professeur a la Faculté de Droit
Assesseurs { MM. GARDEIL, Professeur à la Faculté de Droit,
                PFISTER, Professeur a la Faculté des Lettres.

NANCY

IMPRIMERIE A. CRÉPIN LEBLOND

21, RUE SAINT-DIZIER, 40, RUE DES DOMINICAINS

(Passage du Casino)

1898

ESSAI HISTORIQUE

SUR LES

INSTITUTIONS JUDICIAIRES

DES

DUCHÉS DE LORRAINE ET DE BAR

UNIVERSITÉ DE NANCY. -- FACULTÉ DE DROIT

ESSAI HISTORIQUE

SUR LES

Institutions Judiciaires

DES

DUCHÉS DE LORRAINE ET DE BAR

AVANT LES RÉFORMES DE LÉOPOLD Iᵉʳ

Thèse pour le Doctorat en Droit

PRÉSENTÉE PAR

Charles SADOUL

AVOCAT A LA COUR

L'acte public sur les matières ci-après sera présenté et soutenu
le *Vendredi 27 Mai 1898*, à 4 heures du soir.

Président :	M. GAVET, Professeur à la Faculté de Droit.
Assesseurs	MM. GARDEIL, Professeur à la Faculté de Droit.
	PFISTER, Professeur à la Faculté des Lettres.

NANCY

IMPRIMERIE A. CRÉPIN-LEBLOND

21, RUE SAINT-DIZIER, 40, RUE DES DOMINICAINS

(Passage du Casino)

1898

FACULTÉ DE DROIT

Doyen : M. LEDERLIN, ✻, I ✿.

Doyen honoraire : M. JALABERT, ✻, I ✿.

Professeur honoraire : M. LOMBARD (Ad.), ✻, I ✿.

MM. LEDERLIN, ✻, I ✿, Professeur de Droit romain, Chargé du cours de Pandectes, et Chargé du cours d'Histoire du Droit (Droit français étudié dans ses origines féodales et coutumières).

LIÉGEOIS, I ✿, Professeur de Droit administratif, et Chargé du cours d'Histoire des Doctrines économiques.

BLONDEL, I ✿, Professeur de Code civil, et Chargé du cours de Principes du Droit public et de Droit constitutionnel comparé.

BINET, I ✿, Professeur de Code civil, et Chargé du cours d'Enregistrement.

GARNIER, I ✿, Professeur d'Économie politique, et Chargé du cours de Législation financière.

MAY, I ✿, Professeur de Droit romain, et Chargé du cours de Pandectes et du cours de Droit international public (Doctorat).

GARDEIL, I ✿, Professeur de Droit criminel, et Chargé du cours de Législation et Economie industrielles.

BEAUCHET, I ✿, Professeur de Procédure civile, et Chargé du cours de Procédure civile (Voies d'exécution) et du cours de Législation et Economie coloniales.

BOURCART, I ✿, Professeur de Droit commercial.

GAVET, I ✿, Professeur d'Histoire du Droit.

CHRÉTIEN, I ✿, Professeur de Droit international public et privé.

CARRÉ DE MALBERG, A ✿, Professeur de Droit constitutionnel et administratif.

GAUCKLER, I ✿, Professeur de Code civil.

MELIN, Docteur en Droit, Chargé de Conférences.

LACHASSE, I ✿, Docteur en Droit, Secrétaire honoraire.

VALEGEAS, A ✿, Docteur en Droit, Secrétaire.

La Faculté n'entend ni approuver ni désapprouver les opinions particulières du candidat.

A la Mémoire de mon Père

A ma Mère

A la Mémoire de mes Grands-Parents

Meis et Amicis

AVERTISSEMENT

~~~~~~~~~~~~~~

En l'absence d'une étude d'ensemble sur les vieilles institutions judiciaires de la Lorraine, et persuadé, avec Michelet, que « nous devons tous, dans les routes diverses que nous parcourons, recueillir d'une main pieuse ces pauvres et rares débris de l'histoire de notre droit français » (1), nous avions entrepris cet essai. Malheureusement, inexpérimenté dans les méthodes historiques, disposant d'un temps très court, nous n'avons pu étudier comme nous l'aurions voulu ce sujet compliqué. Pour mener à bien une pareille œuvre, il aurait fallu, avec une science profonde de notre histoire locale, un travail de plusieurs années ; il aurait fallu parcourir, des marches de Champagne à la Sarre et aux Vosges, les archives des communes, fouiller les débris du trésor des chartes et les dépôts des chefs-lieux, aller rechercher à Paris ceux naguère dérobés, puis peser scrupuleusement tous les renseignements découverts, les comparer et essayer d'en tirer des vues générales. Nous n'avons pu

(1) Michelet. *Origine du Droit français.*

I

le faire et avons dû nous contenter de recherches dans quelques-unes de ces archives et dans les nombreuses publications qui,. comme celles de Rogéville, de Lepage et des sociétés savantes de Lorraine, ont mis au jour de nombreux documents. Nous avons dû aussi arrèter notre travail aux grandes réformes de Léopold, sacrifier des institutions déjà étudiées au profit d'autres moins connue set plus originales. Nous chercherons l'excuse de cette téméraire entreprise, où nous n'avons pu réussir, dans notre ardent amour de la vieille Lorraine, et aussi dans l'espoir que l'insuffisance de cet essai fera sentir le besoin d'une étude plus complète et plus savante de ces inté-ressantes institutions d'époques réputées tyranniques, où pourtant le présent pourrait peut-être trouver quelques enseignements de liberté.

INTRODUCTION

L'esprit habitué à la hiérarchisation de nos tribunaux est fort dérouté lorsqu'il étudie les juridictions de l'ancienne Lorraine. Elles se sont établies peu à peu, modelées sur les habitudes d'un peuple, accommodées à son tempérament, et n'ont pas été combinées par un législateur pour des mœurs et des climats différents. Il en résulte un enchevêtrement et une complication qu'il n'est pas toujours facile de démêler.

A l'origine de la ducatie héréditaire, notre pays était morcelé en un grand nombre de petites souverainetés où les barons exerçaient la justice presque sans contrôle ; Gérard d'Alsace, investi du duché n'avait les pouvoirs judiciaires que dans les terres qu'il possédait en propre.

La justice s'administre directement par les barons, ou par les maires assistés d'échevins nommés par les seigneurs ou élus par les communautés. Voilà le tribunal où sont jugées presque toutes les causes civiles et criminelles, sauf les matières féodales ou privilégiées. et cela souvent sans appel. L'affranchissement communal au xiiie siècle vient encore augmenter les pouvoirs des mairies, généraliser l'élection de leurs magistrats par les bourgeois, et consacrer le principe du jugement par les pairs. A la fin du xiie siècle et au commencement du xiiie les ducs établirent des prévôts et des baillis, qui bientôt, surtout les prévôts, usurpèrent le plus qu'ils purent sur les attributions des seigneurs et des maires au profit du souverain. Les prévôts furent d'utiles agents pour le pouvoir central, surveillèrent les tribunaux inférieurs, et souvent furent juges d'appel. Leur compétence est variable.

L'appel pendant longtemps n'exista pas en Lorraine à cause des influences germaniques. Il ne fut admis qu'à la fin du xviiie siècle en matière criminelle ; dès la fin du xiiie il était permis au civil, d'abord en cas de défaute de droit, et de faux et mauvais jugement, puis en tous cas. Dans les trois bailliages qui formaient les domaines possédés par les ducs dès l'origine, la connaissance des appels n'appartint pas au prince mais à des assemblées connues sous le nom d'Assises, composées des Chevaliers, c'est-à-dire de la plus vieille noblesse du pays. Pour contrebalancer l'influence de ce tribunal qui ne dépendait pas d'eux, les ducs érigèrent diverses juridictions. Les maître-échevin et échevins, adjoints au bailli de Nancy, auxquels ils attribuèrent le droit de donner leur avis sur la peine à appliquer dans les jugements criminels rendus par les mairies seigneuriales ou ducales, ce qui suppléait au défaut d'appel, reçurent aussi une compétence étendue et formèrent ce qu'on pourrait appeler le tribunal de confiance du prince.

La Chambre des comptes connaissant des matières financières et domaniales reçut encore d'eux une compétence d'appel qu'elle partagea avec le Conseil dont les ducs s'entourèrent. Ces deux tribunaux se partagent la connaissance des causes d'appel des domaines nouvellement acquis, qui furent toujours distingués des trois anciens bailliages, à cause de la juridiction que les chevaliers exerçaient dans ceux-ci. Le Conseil en outre fonctionnait comme cour de cassation, et gardait la connaissance du procès après avoir mis les anciens jugements à néant.

Les empereurs d'Allemagne prétendirent le ressort à leurs chambres, mais les ducs ne voulurent l'admettre que pour leurs fiefs d'Empire. L'empereur Charles IV reconnut en 1349 l'indépendance judiciaire du duché, ne permettant recours près de lui qu'aux cas de déni de justice flagrant, et en 1542, par le traité de Nuremberg, Ferdinand Ier reconnut l'indépendance complète.

Dans le Barrois, réuni à la Lorraine en 1431, on trouve une hiérarchisation. Les mairies jugent, mais avec des pouvoirs moins étendus que dans l'autre duché. Au-dessus, les prévôts connaissent des affaires excédant la compétence des mairies et réforment leurs jugements, cela de bonne heure. Les baillis ont le même rôle à l'égard des prévôts. Des arrêts de ces derniers on peut encore se pourvoir. Il faut distinguer alors le Barrois mouvant du Barrois non mouvant. Dans le premier, par l'interprétation du traité de

Bruges de 1301, le dernier ressort appartient aux tribunaux français. Dans l'autre Barrois, ce sont les Grands Jours qui remplissent ce rôle; originairement Conseil des comtes de Bar, ils devinrent un tribunal de gradués vers le xvıe siècle. C'est de ces Grands Jours que les ducs tirèrent la Cour souveraine au xviıe siècle, après la destruction des Assises de la Chevalerie.

A côté de ces juridictions ordinaires nous en trouvons d'autres : justice des corporations, grueries, mines, salines, tribunaux internationaux, etc., qui seront étudiés dans un chapitre particulier.

Telles étaient, en quelques mots, les juridictions auxquelles devaient s'adresser les Lorrains en procès. Leur indépendance vis-à-vis du pouvoir central peut faire penser qu'elles jugèrent toujours selon la fière maxime gravée sur le palais de justice de Vézelise : *Lex imperio major.* Mais à cause de ces pouvoirs exorbitants donnés à des juges de village, leur justice ne fut peut-être pas très éclairée. Avec une bonne éducation du peuple cette organisation aurait pu rendre de précieux services.

On objectera les procédés barbares de la question, de l'exécution, la punition de la sorcellerie, etc. Mais combien de réformes le Code pénal de Napoléon n'a-t-il pas subies? Qui nous dit que, dans quelques siècles, l'emprisonnement cellulaire, qui nous paraît la peine idéale, ne semblera pas la pire des barbaries ? Et la peine de mort elle-même sera-t-elle appliquée? Avons-nous lieu aussi d'être fiers de ce qui se passe dans nos bagnes civils et militaires ? Quant à la sorcellerie, attendons que la psychologie criminelle ait dit son

dernier mot et ait complètement déterminé les
domaines respectifs des aliénistes et des juges d'instruction, pour juger si nous ne punissons pas des
crimes imaginaires.

Chapitre Premier

~~~~~~~~~

Les Mairies. — Justices ducales, communales et seigneuriales.

~~~~~~~~~

Dans chaque village de l'ancien duché de Lorraine est installé un tribunal, peu important quant à la circonscription territoriale qu'il gouverne, mais possédant souvent une compétence étendue à toutes les branches du droit. C'est la mairie. Elle est dirigée par le maire, fonctionnaire dont les attributions sont multiples, qui est assisté par des officiers prenant les noms divers d'échevins, de jurés, de prud'hommes, de faultiers, de menestrés, de doyens, humbriels, heimbulles, formant avec lui un conseil appelé justice des gens de justice. Ils jugent leurs concitoyens et administrent la mairie. Celle-ci comprend quelquefois de nombreux hameaux, surtout dans les régions de la Sarre et des Vosges. Ainsi celles de Bruyères, de Granges ont dans leur ressort dix agglomérations ; celles de Corcieux, de Girancourt, douze ; celles de

Sercœur, Villotte, six, etc. (1), à la tête desquelles sont placés des lieutenants de maires.

Jusqu'au XIIIe siècle, les maires et autres fonctionnaires communaux sont presque partout désignés par les seigneurs pour rendre la justice en leur nom ou les assister en cette œuvre. A cette époque, en effet, le droit de justice est une des prérogatives des possesseurs de fiefs ; ils l'exercent soit en souvenir d'une possession souveraine qu'ils ont eue autrefois, soit par usurpation, soit enfin par tolérance ou concession du prince. Chacun d'eux règle par lui-même ou par ses officiers les contestations qui surgissent entre ses hommes, et les punit lorsqu'ils se sont rendus coupables de quelque méfait (2).

Dans chaque localité un peu importante, il choisit parmi ses sujets un maire, fonctionnaire analogue au villicus des villes romaines et carolingiennes, qui a des attributions administratives, législatives et judiciaires, variant selon les contrées. Il recueille les impôts, exige les prestations et redevances en poursuivant les réfractaires par toutes voies de contrainte, entretient et surveille les propriétés communales et les animaux reproducteurs ; il doit lorsqu'une infraction a été commise s'assurer de la personne du délinquant et le livrer à ses juges ; il édicte des ordonnances

---

(1) Citons encore Bult (arrondissement d'Epinal), quatre ; Saint-Léonard (arrondissement de Saint-Dié), cinq ; Uxegney (arrondissement d'Epinal), onze ; celle du Vermois (aux environs de Nancy), cinq ; etc. Voir Lepage et Charton, *Statistique des Vosges*, t. II. 83, 86, 137, 241, 488, 515, etc ; Lepage, *Stat. de la Meurthe*, II, 598 ; *Documents de l'histoire des Vosges*, VII, p. 289.

(2) Bonvalot, *Tiers-Etat et la Charte de Beaumont*, p. 45-46.

de police ; il ajourne ses covillageois aux plaids bannaux où le seigneur selon les usages germaniques vient rendre la justice à ses hommes « sommairement sans appel et sans écrit », en s'éclairant des avis et témoignages du maire, des anciens, et quelquefois de tous (1).

La communauté tout entière est tenue d'y assister pour y entendre proclamer les droits du seigneur, que les générations se sont transmis oralement ; on y échaque ou taxe les amendes, on y apporte les redevances, on y fait connaître les nouvelles ordonnances, on y rappelle les anciennes, le baron y fait reconnaître son maire, en lui remettant la buchette, baguette symbolisant le commandement comme autrefois chez les Francs.

Souvent le maire est obligé de payer cet honneur par des redevances généralement en nature ; ainsi, à Assenoncourt, il doit un porc (2) ; à Diarville quatre services de poisson qu'il doit porter au domicile du comte de Vaudémont ; à Longchamps-sur-Moselle, cent œufs et demi à Pâques, un mouton à la division des apôtres ; à Nomexy, le maire du grand seigneuriage doit dix boutons de rosier sauvage, des prunelles, du cresson de fontaine et de la chaulnatte ou

---

(1) Dom Calmet, *Histoire de Lorraine* ; *Dissertation de Guinet*, t. III, col. CLXXI. Dans ces assemblées, ajoute-t-il, se faisaient les ventes, les échanges, les partages, les promesses ; tous les assistants en étaient témoins, rarement on écrivait. Voir Pierfitte, *La justice à Vittel* dans le Bulletin de la Société philomatique de Saint-Dié, 17° année ; Lepage *Communes et statistique de la Meurthe*, stat. des *Vosges, passim*, etc.

(2) Assenoncourt appelé aussi Essersdorff, ancien canton de Réchicourt-le-Château, arrondissement de Sarrebourg. Lepage, *Communes de la Meurthe* I, 49.

farine de seigle (1) ; des redevances en vins, en bois, en poules et autres denrées sont dues pour cause d'office par les maires d'Attigneville, Bruyères, Pont-sur-Madon, Xenneval, Derbamont (2), etc. Dans d'autres endroits ce sont des redevances en argent (3). Mais la plupart du temps le seigneur se contente d'un past ou bon dîner que le maire doit lui offrir lorsqu'il vient aux plaids. Ainsi à Jainvillotte, où le chambrier de Saint-Mihiel, à qui le repas est offert, peut amener avec lui un chevalier, un curé, un musicien et un ribaud (4) ; à Saint-Baussant, à Vannecourt, le seigneur peut amener sa femme, ses enfants, son chapelain, son serviteur et la chambrière de sa femme, et s'il passe quelque homme de bien il peut encore l'inviter avec son serviteur (5). De même à Moivrons, on donne past au seigneur et à douze amis, qui s'ils sont accompagnés d'un autre et d'un ménétrier « encore ne les chassent-on point dehors » (6).

(1) Lepage, *Communes de la Meurthe*, I, 284, et *passim* ; Lepage, *Statistique des Vosges*, II, 307 et v° Longchamps ; Noël, *Troisième mémoire sur la Lorraine*, p. 6.

(2) *Documents de l'histoire des Vosges*, VII, p. 56, 57, 84. Voir aussi Richard, *Souvenirs de quelques obligations et redevances souvent bizarres ou singulières de la féodalité en Lorraine*, recueillis par Richard. Epinal, veuve Gley, s. d., in-12.

(3) Ainsi à Harol (canton de Dompaire) cinq sous toulois, Lepage, *Statistique des Vosges*, *verbo* Harol, à Bonviller et Crion (arrondissement de Lunéville) 20 sols pour port d'office ; Lepage, *Communes de la Meurthe*, I, 172, et 253 à Coutures (canton de Château-Salins), *ibid.*, v° cit. à Bezange-la-Petite, *ibid.*, I, 138.

(4) Jainvillotte (canton de Neufchâteau), Lepage, *Statistique des Vosges*, II, 284.

(5) Saint-Baussant (canton de Thiaucourt), Lepage, *Communes de la Meurthe*, II, 446, Vannecourt (canton de Château-Salins), *ibid.*, II, 615. Le menu y est fixé : du lièvre, du poisson et des oiseaux, de la cire, du pain et trois mesures de vin.

(6) *Communes de la Meurthe*, II, 46.

Mais d'autre part les maires sont récompensés de leurs peines par des exemptions totales ou partielles d'impôts ou de corvées avec les gens de justice qui les assistent : ainsi à Marsal, Vieux-Lixheim, Vitrimont, Chicourt, Lucy, Norroy, Magnières, Richardménil, Haudonville, Leintrey, Moivrons, Anthelupt, Saint-Martin, Sarrebourg, Bouxières-aux-Chênes, Moriviller, Chaumousey, Conflans-en-Jarnisy, Fléville-Lixières, etc. (1). D'autres fois, ce sont de petites prestations qui lui sont dues, le droit à une part sur les redevances, à des privilèges honorifiques ou rémunératoires : ainsi à Vandelainville, à Azelot (2), à Bezanges-la-Petite (3), à Derbamont, Faulx, Vézeval, etc. (4). Mais la plupart du temps ici, la gourmandise des vieux Lorrains se montre et ils y ajoutent ou se contentent d'un past que doivent leur offrir leurs justiciables ou leurs seigneurs lors des plaids annaux ou lorsqu'ils rendent la justice : ainsi à Chaouilley, Vergaville, Norroy, La Bresse (5), etc.

---

(1) Lepage, *Communes de la Meurthe*, I, 35, 237, 477, 574, 619, 683, II, 11, 45, 65, 416, 474, 515, 676, 700, etc. ; *Documents de l'Histoire des Vosges*, IV, 199 ; *Statistique de la Meurthe*, Lepage, II, 443 ; Clesse, *le canton de Conflans*, I, 193, et *Histoire de Conflans*, in-8°, Verdun 1872, p. 157.

(2) Canton de Saint-Nicolas. Le maire et le doyen sont francs et ont droit de mettre un cheval en l'embannie (endroit excepté de la vaine pature) aussitôt les « hauts poils levés ». Lepage, *op. cit.* I, 64, Vandelainville (canton de Thiaucourt), il a droit à un pain dit folz 4 fois l'an dû par les déforains, *ibid.*, II, 602.

(3) Autrefois Semibesenge, *ibid.*, I, 138, il tient 10 jours de terre de l'abbé, gratis, et perçoit des redevances.

(4) *Documents de l'histoire des Vosges*, VII, 84, Lepage, *Communes de la Meurthe*, I, 335 ; Vezeval, village détruit sur le territoire de Raon-l'Etape ; *Pied de terre de 1619*, *Archives de la ville de Raon*, cc. 12, folio 2 et 3.

(5) Lepage, *Communes de la Meurthe*, I, 225, II, 648, 245, et *Statistique de la Meurthe*, II, 536, 549. A Norroy ils peuvent mener leur curé et un

A Lay-Saint-Christophe le menu est fixé : « On doit soingner audit maire et aux sept échévevins bon pain, bon vin, ni du meilleur ni du pire et de deux paires de bonnes chaires naturelles, bœufs et porcs, les bœufs aux aulx et le porc au poivre et au safran (1). » A Saint-Dié les échevins prélèvent sur les noces « deux pièces de chair et un pain qu'ils portent à la taverne » où on doit payer ce qu'ils boiront (2).

Dans les fonctions qu'il remplit seul ou aux côtés de son seigneur, le maire est assisté de magistrats tirés comme lui du sein de la communauté, ayant la même qualité que leurs covillageois, connus sous les noms d'échevins, prud'hommes, ou jurés. Ce sont eux qui représentent les pairs qui dans de nombreuses localités jugent les procès, aux côtés du seigneur lorsqu'il n'a pas fait mainmise complète sur la justice, ce qui semble avoir été rare en Lorraine. D'autres fois même ils jugent seuls, le baron et son officier ne faisant que surveiller les débats, après avoir fait les actes préparatoires, et faisant mettre à exécution leur sentence. Cette indépendance de la justice, continuant les traditions franques, semble avoir existé dans certains villages lorrains, bien avant l'émancipation communale. Dans le voisinage de l'Alsace, notamment à Insming et dans les montagnes des Vosges, existaient des colonges, où les *Huber* tenan-

---

ménestrel. A La Bresse, le repas est de 20 sous par tête, il est supprimé parce que « trop frugal ou trop somptueux il est indécent et gênant pour l'administration de la justice. » *Archives de la Bresse.*

(1) Lepage, *Communes de la Meurthe*, I, 569.

(2) *Documents de l'histoire des Vosges*, IX, p. 61.

ciers d'un domaine, étroitement associés, jouissaient du droit de vider eux-mêmes leurs litiges et de nommer leurs gens de justice (1). D'autres communautés, sans être colongères, eurent aussi des droits semblables (2).

Dans les cas fréquents où la seigneurie appartenait à plusieurs possesseurs on tombait d'accord pour le choix des officiers, comme cela se pratiquait à Anthelupt, Bayonville, Vitrimont (3), sinon chacun nommait les siens, et un règlement intervenait pour régler leur compétence : ainsi à Hénaménil, Hériménil, Arnaville, Parroy, Geroncourt, Jaulny, Lebeuville, Guebling (4), et dans quantité d'autres endroits (5). Ou bien la nomination était abandonnée à l'un deux (6). D'autres fois, chacun nommait à tour de rôle : ainsi à Gripport (7).

La plupart du temps, ducs et seigneurs n'exerçaient pas eux-mêmes ce droit, car la nomination se faisait aux plaids annaux, et ils y assistaient rarement. C'était alors leurs officiers qui exerçaient en leur place, comme nous le verrons plus loin.

(1) Voir Hanauer, *Les paysans de l'Alsace au moyen âge*. Strasbourg, in-8°.

(2) Lepage, *Communes de la Meurthe*, I, 569.

(3) Benoit, *Institutions communales du Westrich*. Guyot. *Des Assemblées de communauté d'habitants en Lorraine avant 1789, passim*. On y trouvera des détails sur les plaids que nous n'aurions pu que rapporter.

(4) *Communes de la Meurthe*, I, 35, 112.

(5) *Communes de la Meurthe*, I, 40, 447, 517, 572, II, 269, 416 ; Lepage, *Statistique de la Meurthe*, II, 249.

(6) Ainsi à Roville-aux-Chênes la sonrière de Remiremont. Lepage, *Statistique de la Meurthe*, v°, Roville, à Hattigny (canton de Blâmont) ; *Communes de la Meurthe*. I, 474.

(7) Canton d'Haroué, *Communes de la Meurthe*, I, 442.

A partir du xiiie siècle de grands changements ont lieu dans l'organisation communale. Le mouvement qui avait éclaté dans le nord de la France fit sentir assez tard son influence en Lorraine, et cela se comprend : il n'y avait point dans le duché de villes importantes, assez fortes pour pouvoir faire accepter leurs revendications, par leurs seigneurs qui, de leur côté, ne se souciaient guère d'introduire chez eux la politique nouvelle. Quelques affranchissements ont cependant lieu vers la fin du xiie siècle, mais ils sont faits par des princes étrangers, comme Guillaume aux blanches mains, évêque de Reims (1). En 1231, les bourgeois de Neufchâteau, alors l'une des villes les plus peuplées et les plus commerçantes du Duché, se révoltèrent à l'instigation de leur suzerain, Thibaut IV de Champagne, contre le duc Mathieu qui fut obligé d'accorder une charte modelée sur celle de Troyes. Cette charte, qui subit de nombreuses vicissitudes, abolie, rendue et modifiée, puis renouvelée par Ferry III, n'eut pas une grande influence dans notre pays. Celle qui servit de modèle à presque toutes nos villes est la charte de Beaumont, accordée en Lorraine pour la première fois en 1247 au village de Grand-Failly par Mathieu, coseigneur du lieu, après que de nombreux villages du Barrois l'avaient reçue. Elle avait été instituée en 1182 par Guillaume aux blanches mains, évêque de Reims, pour encourager

(1) Il affranchit Ormes en 1189 ; Lepage, *Communes de la Meurthe*, II, 256. Hugues de Vaudémont affranchit aussi Pont-Saint-Vincent en 1200. *Ibid.* II, 380. On trouve des affranchissements antérieurs. Voir Dissertation sur la jurisprudence dans Dom Calmet. *Histoire de Lorraine*, colonne clxxvi et suivantes.

le peuplement de la petite ville de Beaumont, qu'il venait de fonder pour garder les défilés de l'Argonne. Ferry III voyant le succès qui avait couronné l'entreprise de l'Evêque et de ses imitateurs, voulant lui aussi peupler ses villes au détriment des nobles qu'il conspirait d'abattre, octroya cette charte à de nombreuses communes et à des villes neuves (1) qu'il fonda.

Ceux qui venaient s'y établir devaient jouir des mêmes privilèges que les gens de Beaumont. Les seigneurs s'émurent, formulèrent de nombreuses réclamations et se révoltèrent même. Pourtant, beaucoup, estimant que mieux vaut douceur que violence, cédèrent en voyant les avantages qu'ils pouvaient retirer de ces concessions et accordèrent à leurs sujets des droits divers. Les uns donnent dans toute leur plénitude les chartes de Beaumont ou de Stenay (cette dernière surtout dans le Barrois), d'autres apportent des restrictions (2), quelques-uns se bornent à fixer dans un écrit les droits et redevances, qui dès lors ne pourront plus être modifiés. Ces villes, où l'on fixa ainsi droits et devoirs de chacun, prirent le nom de villes d'assises. Il ne semble pas que les communes lorraines durent exiger leurs libertés par des révoltes. Cependant signalons, après celui de Neufchâteau, les

(1) Le nom de ville neuve est indifféremment donné dans les textes à celles nouvellement fondées, comme aux anciennes nouvellement affranchies.

(2) Le seigneur, même en cédant toute la justice, garde presque toujours ses droits pour les forains et les juifs. Ainsi à Neufchâteau, Olley, etc., voir Clesse, *Le canton de Conflans*, II, p. 481 ; Digot, *Essai sur Neufchâteau*.

soulèvements de Sarrebourg, de Sarreguemines, en 1380, de Virecourt en 1480 (1).

De cette variété dans les chartes accordées aux villes lorraines, résulte une diversité infinie dans l'organisation communale, quant à la compétence et au mode d'élection des tribunaux, diversité encore augmentée par les reprises effectuées dès le xɪvᵉ siècle par les seigneurs sur les libertés concédées.

Voyons quels étaient les droits accordés par cette charte de Beaumont, au point de vue judiciaire, signalant ensuite quelques-unes des modifications apportées dans certaines villes. Les magistrats municipaux cités plus haut, maires, échevins, prud'hommes, sont conservés. Ce qui change c'est la manière dont ils sont nommés : « Scabini et jurati erunt constituti per assensum communem burgensium villæ, vel meliores, vel sanioris partis eorumdem, et major similiter. » Désormais donc les gens de justice seront nommés par leurs cobourgeois, généralement pour une année, aux plaids annaux, qui continuent à se rassembler à l'endroit consacré, à l'église, aux halles, au cimetière, sous les grands arbres du paquis, ou sous la croix élevée en actions de grâces de l'affranchissement. Ce choix des citains s'exprime directement ou par un suffrage à plusieurs degrés, désignant aussi dans quelques lieux, à côté des échevins, des prud'hommes ou jurés, en nombre variable, qui

---

(1) Thomire, *Notes sur Sarreguemines.* Sarreguemines, in-8°, 1887, page 7 ; Viville, *Statistique du département de la Moselle*, II, 365 ; Verronnais, *Statistique de la Moselle*, deuxième partie, page 436 ; Lepage, *Communes de la Meurthe*, II, page 697 ; Digot, *op. cit.*

s'adjoignent en certains cas aux autres officiers municipaux.

La justice, dans les villes affranchies à la charte de
Beaumont, n'est plus rendue au nom du seigneur,
mais au nom de la communauté, qui jouit des mêmes
privilèges que les barons hauts justiciers. Comme
ceux-ci elle élève signe patibulaire, indice de son pouvoir, elle connaît de toutes les difficultés en matières
réelles, personnelles et mixtes qui surviennent entre
les bourgeois ; elle les condamne aux amendes fixées
par la charte ou la coutume. Au criminel, elle juge
et condamne pour tous crimes et délits ; « elle a puissance de la cohertion et réprimande des délinquants
par mort, mutilation de membres, fouet, bannissement et autres peines corporelles semblables (1) ».
D'autre fois encore comme basses justices, elles connaissent des actions « desquelles les amendes ne peuvent
excéder dix sols, les réelles pétitoires et mixtes concernant les immeubles », ayant aussi la police champêtre,
« dommages faits ès fruits et châtels des champs,
abornements et autres actions ou actes semblables
concernant les immeubles et règlements d'iceux (2) ».
Dans d'autres endroits, les maires ne sont compétents
que pour les accords amiables et les commande-
ments (3), à Borville, Dommartin-les-Vallois, Arsche-
viller, Blemerey, Euvezin, Bouillonville, etc., aucune

(1) *Coutumes de Lorraine*, titre VII, § 1.

(2) *Ibid.*, VIII, § 8.

(3) A Guenestroff par exemple (canton de Dieuze), les causes du
lieu vont à Vergaville, où le maire siège comme troisième échevin.
Lepage, *Communes de la Meurthe*, I, 448. *Item* à Thaon au
XIIIe siècle, *Documents de l'histoire des Vosges*, I, p. 175.

affaire ne leur est soumise, pas même les petites affaires dites aujourd'hui de simple police ; ils sont cantonnés dans une compétence toute administrative, quelquefois se bornant à recevoir, publier et faire exécuter les ordres du prince ou du seigneur (1).

Le mode de nomination des gens de justice est aussi variable que leur compétence. Des communes affranchies conservèrent longtemps ce privilège, tandis que d'autres en furent rapidement dépouillées. D'ailleurs, souvent, elles sont incapables de profiter des avantages qui leur ont été accordés : à Pont-à-Mousson par exemple des maires dictateurs s'installent, prorogeant eux-mêmes leurs pouvoirs. Dans d'autres endroits les élections sont troublées. D'autre part, les libertés sont regardées comme des charges, et souvent les habitants eux-mêmes demandent à revenir sous le joug, habilement stimulés par les officiers seigneuriaux et ducaux. Ainsi à Saint-Nicolas, où la justice est réorganisée le 17 août 1570 (2). A Saint-Dié, en 1595, les habitants demandent à être suppléés dans l'exercice de la justice par les fonctionnaires ducaux (3).

De plus, les chartes se perdent, et des communes qui ne peuvent les produire voient leurs droits amoindris. Par exemple à Dolcourt et à Favières en 1556 (4).

---

(1) Lepage, *Statistique de la Meurthe*, v° Borville, et II, 169. *Communes de la Meurthe*, I, 44, 165, 182, etc.

(2) Munier-Jolain, *Histoire d'une bourgeoisie lorraine*, p.272. *Communes de la Meurthe*, II, 480.

(3) Gravier, *Histoire de Saint-Dié*, p. 239 et suivantes, donne des détails sur cet incident.

(4) Lepage. *Stat. de la Meurthe*, II, 182.

En 1687, ceux de Gerbéviller représentent à
M. de Tornielle, leur seigneur, que le concours
de tous les habitants aux assemblées communales
et la diversité des opinions rendent la collection des
voix presque impossible et supplient en conséquence
qu'on leur donne douze conseillers de ville pour les
gouverner (1). Ce qui fut fait. Dans de nombreux
endroits, l'élection est supprimée, et l'on tend à
séparer la justice de l'administration communale.
Des hôtels de ville sont établis dans ce but pour les
villes importantes. Léopold en augmenta le nombre
et les composa de fonctionnaires nommés en titre
d'office, salariés par lui. Des juges-gardes sont
institués aussi au xviii⁰ siècle par les seigneurs, et,
les réformes de Léopold aidant, les mairies perdent
leurs vastes attributions, devenant presque partout
de petits tribunaux de police.

En ce qui concerne plus particulièrement l'élection
de la justice par les bourgeois, elle fut conservée à
Saint-Nicolas, Frouard, Reillon, jusqu'à la fin du
xvi⁰ siècle ; à Lunéville jusqu'en 1588 ; à Charmes,
Raon-l'Etape, Blâmont, Liestroff, Rosières-aux-
Salines jusqu'au xviii⁰ siècle (2). Citons au hasard
quelques façons de procéder dans la nomination de la
justice.

Dans de nombreuses villes le suffrage est direct,
les habitants se réunissent sur la place publique

(1) Lepage, *Communes de la Meurthe*, I, 406.
(2) Bonvalot, *Tiers Etat*, 543 et sq.; Lepage, *Communes de la Meurthe*,
I, 640; II, 427; *Stat. de la Meurthe*, II, 321; *Archives de Raon-l'Etape*.
BB. 49. Liestroff était du canton d'Albestroff.

et nomment qui ils veulent, pour une année (1).
Dans d'autres endroits, les votes s'expriment par un
suffrage à plusieurs degrés (2). A la Bresse, jusqu'à
la Révolution, cela s'opère d'une manière compliquée:
on ne peut être maire qu'une fois dans sa vie, pendant
une année ; les anciens maires, quand le cas échéait,
dressaient une liste de neuf noms dans laquelle les

(1) Voici, par exemple, un procès-verbal d'une élection de ce
genre : L'an 1698, le 18ᵉ may, jour de la Pentecotte, les officiers de
polyce de Raon-l'Etappe, ensemble les bourgeois et habitants dudit
lieu, estant assemblez et convocquez soub la halle du lieu, à la sortie
de la messe paroissialle ditte et célébrée en l'église dudit Raon,
ains et comme il s'estoit praticqué de tous temps sinon depuis environ
trois ou quatre années, et comme il a pleust au Conseil d'Estat de
Son Altesse sérenissime de remettre les bourgeois dudit Raon dans
leurs droits anciens par descret du quinzième febvrier dernier signé
de Monseigneur de Carlinfort et plus bas Marchis, secretaire
ordinaire du Conseil, et à Monsieur l'abbé de Moyenmoustier, coosei-
gneur audit Raon par son descret du vingtième febvrier aussy
dernier, par lesquels descrets il est permis auxdits bourgeois de
procéder cedit jourd'huy à l'élection d'un maire comme d'ancien-
neté, ce qu'auroit esté fait et après que lesdits officiers de polyce et
bourgeois ont nommez les personnes des sieurs Jacques Mougenot,
Dominique Salmon, Nicolas Demontzey, Sébastien Baderot et Nicolas
Comte, comme plus capable d'entre eux à l'exercice de ladite charge
de maire pour l'un d'iceux estre choisi à la pluriarités des voix
comme il a esté usité de tous temps. Ledit sieur Sébastien Baderot
le vieil a esté choisis ayant trente-cinq voix, exédé de 26, et à
l'instant a esté conduit à l'église par le sieur Jacques Mougenot
comme chef de polyce depuis environ trois mois et en qualité de
maire à l'exercice de la justice au nom de mondit seigneur l'abbé de
Moyenmoustier audit Raon, à l'assistance de Claude Jacquot le vieil,
François Petit, Martin Sachot, François Bouquot, officier de polyce
comme aussy de François Huel, commis greffier en cette part, lequel
Baderot a presté le serment et promis de bien et fidellement exercer
ladite charge, distribuer la justice audit lieu de Raon au nom de
Sadite Altesse et de Monsieur l'abbé de Moyenmoustier, seigneurs
par indivis comme aussi la polyce. Faict audit Raon les an et jour
avant dit.

Signé : Claude Jacquot, Bastien Baderot, François Petit, Martin
Sachot, François Bouquot, François Huel.

Archives de Raon-l'Etape, BB. 49.

(2) Ainsi à Pont-à-Mousson depuis 1555. *Communes de la Meurthe*,
II, 322.

bourgeois choisissaient le maire nouveau, qui prenait son lieutenant parmi ses prédécesseurs, et le doyen sur une liste de trois noms dressée par les jurés sortants ; ceux-ci se nommaient trois successeurs ; le quatrième était de droit le maire sortant et les quatre autres étaient élus directement par les habitants (1). A Stenay, les gens de justice sortant de charge choisissaient quatre hommes de bien, « bonne fame et renommée », parmi les habitants ; ceux-ci faisaient de même parmi la justice. Les huit ainsi désignés nommaient le maire en dehors d'eux. Pendant ce temps, on renommait de la même façon huit autres personnes, « qui allaient dans le clocher nommer les sept échevins ». La nouvelle justice élue s'adjoignait un lieutenant de maire et un greffier, puis tous désignaient trois hommes pour dresser la liste des quarante jurés (2). A Jainvillotte, les villageois nomment les prud'hommes, où le seigneur prend le maire qui désigne son échevin (3). A Chauffecourt· et Bettoncourt, c'est le maire sortant qui nomme son successeur avec neuf habitants du lieu élus par lui.

Dans d'autres localités, à cause de concession partielle ou de reprises, le seigneur nomme le maire sans contrôle, ou est limité dans son choix. A Gérardmer, c'est au plus ancien que doit être remise la *bûchette* si

---

(1) Lepage, *Statistique des Vosges*, II, 107. *Archives de la Bresse.*

(2) Lettres de Henry II du onze août 1616. Bonnabelle, *Notice sur Stenay.* Société des lettres, sciences et arts de Bar-le-Duc. Première série, t. V, p. 164.

(3) Canton de Neufchâteau. Lepage, *Statistique des Vosges*, II, v° Jainvillotte.

on n'a rien à lui reprocher (1); à Chénois, elle appartient au dernier portérien « tant de succession que d'acquêt », à moins qu'il ne prouve son incapacité (2). A Remiremont, l'abbesse doit prendre le maire dans une liste de neuf noms que lui présentent les bourgeois, et celui-ci élit les échevins. Au ban d'Etival, les abbés du lieu soumettent leur choix à l'assentiment de la communauté, qui peut le réprouver par deux fois; mais à la troisième, les abbés peuvent chercher la justice, même sur les listes rejetées (3). A Borville, l'abbé de Senones nomme le maire ; le seigneur de Bayon, le doyen et ses deux officiers, les échevins, d'accord avec les habitants.

Dans d'autres localités, ce sont les officiers ducaux et seigneuriaux qui ont acquis le privilège de nommer les gens de justice, par usurpation sur les habitants ou concession du maître. Ainsi, le grand chancelier de Remiremont choisit sur une liste de neuf personnes, en l'absence de l'abbesse, à Chauffecourt, Harol, Valfroicourt, Vaudicourt, etc.; le grand prévôt du même lieu, à Vittel, à Longchamps-sur-Moselle, etc.; le receveur du domaine ducal du bailliage des Vosges, à Haréville, Hymont, Vroville, etc., les baillis d'Epinal, de Châtel, le prévôt de Nancy

---

(1) Plus tard, ce fut aux habitants qu'appartint l'élection. *Archives de Gérardmer*. D'autres documents parlent du plus *vieulx maire*. Voir *Droictures de Géraulmeix*, document rapporté par Géhin. *Gérardmer à travers les âges*. (Bulletin de la Société philomatique de Saint-Dié xviii⁰ année), p. 193.

(2) *Communes de la Meurthe*, I, 236.

(3) Canton de Raon-l'Etape, *Statistique des Vosges*, de Lepage, v⁰ cit. Abbé Vairel : *Essai historique sur Nompatelize* dans le « Bulletin de la Société philomatique vosgienne », xxii⁰ année, p. 38 et suiv.

et d'autres dans leurs ressorts (1). Quant aux fonctionnaires subalternes de la mairie, banward (1),
doyen, messiers, sergents, marliers, etc., leur nomination est le plus souvent abandonnée aux habitants.
C'était à eux qu'incombait la constatation des mésus
champêtres et des délits ; ils faisaient fonctions de gen-
darmes et de gardes champêtres. Pour leur peine, ils
touchaient des remises sur les amendes. A côté
des mairies nous trouvons les foresteries et les centaines qui, comme l'ont fort bien démontré MM. Bonvalot
et Guyot, ne sont pas des circonscriptions administratives distinctes (3). La foresterie n'est qu'une mairie
féodale, à la tête de laquelle on place un forestier
nommé par le seigneur, qui a toutes les attributions
d'un maire, et rend, comme lui, la justice avec des
échevins. Ce nom de foresterie vient de ce que les
communautés qui le portent furent instituées au milieu
des forêts à charge de défrichements. On les rencontre
dans les régions montagneuses de la prévôté d'Arches
et dans les terres de Saint-Pierre, appartenant à
l'abbaye de Remiremont.

La centaine est une seigneurie particulière,
enclavée dans une autre mairie ; elle est composée
de gens de condition servile, qui sont dirigés par un

(1) Cf. Lepage, *Communes de la Meurthe, Statistiques des Vosges et
de la Meurthe, Documents de l'Histoire des Vosges, passim. La justice à Vittel avant 1789* (Société philomatique vosgienne xviiᵉ année).

(2) Le nom de *banwâ* (prononcez *ban-ouâ*) est encore usité de nos
jours et désigne le garde champêtre. Le nom de doyen était quelquefois donné au chef de la mairie dans certaines localités.

(3) Bonvalot, *Histoire* I, 266, 293 ; Guyot, *Les forêts lorraines*, p. 64 ;
Documents de l'Histoire des Vosges, II, 203 et IX, 74.

maire spécial auquel s'adjoint toute la communauté pour rendre la justice ou prendre les décisions. Signalons celles de Pagny, Vandelainville, Arnaville, Les Mesnils, Pont-à-Mousson, Mamey, Abaucourt, Nomeny, Manoncourt, etc. (1).

D'autres localités ne prennent pas non plus le nom de mairies et sont appelés doyennés. A leur tête est alors placé un doyen qui a les mêmes attributions qu'un maire. Le nom seul du fonctionnaire est différent. Signalons aussi, en terminant ce chapitre, la situation de certains villages, qui ont pour juges leurs curés. Ainsi, à Auzainvilliers, sauf au cas de « sang et plaie ouverte », à Sexey-aux-Bois, à Mattaincourt, à Villers-devant-Mirecourt, etc. (2). C'est en qualité de seigneur du village qu'ils remplissent cet office, par eux-mêmes ou des lieutenants.

---

(1) Bonvalot, *op. cit.* ; I, 267, 293 294. Lepage, *Communes de la Meurthe*, II, 262.

(2) *Documents de l'Histoire des Vosges* ; t. VIII, p. 32 ; Lepage, *Communes de la Meurthe, Statistique des Vosges, verbis cit.*

Chapitre II

~~~~~~~~~~

Les Prévôtés ducales.

~~~~~~~~~~

Au-dessus des maires et pour juger les affaires qui excédaient leur compétence, quelquefois pour connaître sur appel de celles examinées par eux en première instance, et pour remplir certaines fonctions administratives, les ducs avaient leurs prévôts, et les seigneurs des officiers jouant un pareil rôle et portant quelquefois le même nom.

Les prévôts seigneuriaux, dans les premiers temps, . furent des officiers délégués par leurs maîtres et exerçant tous leurs droits. Très puissants, lorsqu'ils se trouvaient en présence de communautés ne jouissant pas du privilège d'être jugées par des échevins, ils se bornaient dans les autres à faire les actes de préparation et d'exécution des jugements; mais peu à peu ils surent, en présence des juges villageois ignorants, se tailler une part prépondérante dans l'administration de la justice, après avoir vu leurs

attributions diminuées par les chartes d'affranchissements. Ce furent toujours des agents actifs, que leurs
maîtres tenaient bien en main, surtout dans les cas
fréquents où ils étaient révocables *ad nutum*. D'autres fois ils achetaient leurs charges, ce qui ne devait
pas peu contribuer à augmenter leur tyrannie et leurs
exigences.

Les ducs, à l'imitation de leurs vassaux, instituèrent de semblables officiers, qui furent connus
sous le nom de prévôt, scultetus, ou de schultheiss
dans les pays de langue allemande (1). On attribue
cette institution à Mathieu Ier (1139-1176) (2), qui
aurait été guidé, pour ce faire, par son amour du
peuple qu'il voulait protéger contre l'oppression des
grands (3). On peut douter que ce fut ce mobile qui
poussa le duc, et croire plutôt que les juges de village
qui seuls rendaient la justice en son nom lui parurent,
peu éclairés, résister mal aux empiètements des seigneurs rivaux et de leurs officiers, et qu'il jugea qu'il
était de son intérêt bien entendu de les surveiller de
plus près, éloignés qu'ils étaient du pouvoir central,
au moyen de fonctionnaires à lui tout dévoués.

Les attributions prévôtales ne furent jamais bien
définies et varièrent selon les localités. Outre que
presque toujours ils étaient châtelains, c'est-à-dire

---

(1) Lepage, *Offices du duché*, p. 112; Thilloy, *Institutions judiciaires
de la Lorraine allemande*, p. 14.

(2) Rogéville, *Dictionnaire des Ordonnances*, vᵒ Prévot, donne la date
de 1146; Dumont, *Justice criminelle*, I, p. 11; Thilloy, *loc. cit.*, 1142.

(3) C'est un motif semblable que donna Henry II de France, lorsqu'il établit le parlement de Metz qui devait ruiner les libertés
locales.

gardiens de forteresses ducales et chefs militaires, ils colligeaient les impôts pour le Prince, rassemblaient les contingents de leur circonscription pour les amener à leur chef le bailli, commandaient la force publique, possédaient des pouvoirs judiciaires, confectionnaient des règlements publics, poursuivaient, instruisaient les procès criminels, et assuraient presque toujours l'exécution des jugements, qu'ils rendaient quelquefois. D'autres fois même toute la justice leur appartient, et la totalité ou une partie des amendes qu'ils prononcent les indemnisent de leurs peines et du prix payé pour leur charge. Ces pouvoirs ils les exerçaient au nom du Prince, qui se les est réservés en concédant la justice, ou bien ils les ont usurpés sur les maires ducaux ou seigneuriaux. En augmentant leurs attributions, ils augmentent les pouvoirs ducaux. Mais leurs exactions nombreuses donnèrent lieu à des plaintes, auxquelles leur maître ne put toujours rester sourd. Mathieu II, d'après Haraucourt, punit un prévôt qui avait rendu un jugement inique, au profit d'un « sien compère », en le faisant battre de verges, puis exiler, et « feit peindre verges et fouets sur la porte que conduit en sale di jugement » pour que le fils qui avait repris les fonctions paternelles se souvint toujours de bien juger (1).

A l'affranchissement communal, les pouvoirs du prévôt sont bien diminués au profit des maires. Il est toujours le premier dans sa circonscription, le représentant du duc, et comme tel, des honneurs lui

(1) *Coupures de Bournon*, édition Cayon, p. 13.

sont dus. Il a le pas, sur tous, aux processions et à l'église, il a droit à des repas aux frais de ses administrés à certains jours, il tire le premier l'oiseau au jeu du papegai, etc. (1). Il conserve ses fonctions militaires et financières lorsque des capitaines ne les lui ont pas enlevées, mais sa compétence est fortement diminuée au profit des mairies, auxquelles on ne fait que rendre peut-être ce qui leur avait été pris. Il continue à surveiller, plus ou moins aussi, ces tribunaux, il les convoque quelquefois ; comme chef de la force armée il fera, dans certaines localités, exécuter leurs sentences. Mais, peu à peu, il recommence son œuvre d'usurpation ; n'ayant à lutter que contre des maires et échevins ignorants, incapables souvent de profiter de leurs droits, il s'efforce de ressaisir ce que son maître a abandonné. Il s'introduit aux plaids, parfois malgré la défense de la charte ; il y prend une part prépondérante ; il les préside, quoique cela ne soit pas toujours dans ses fonctions. Il nomme les juges, comme nous l'avons vu, ne laissant plus aux bourgeois que le droit de limiter son choix. Ainsi à Arches, la loi de Beaumont, qui réservait la nomination des gens de justice aux habitants, est violée par le prévôt, qui désigne, dès le commencement du XVIIe siècle, la justice sur présentation de neuf noms (2). Le même nomme les maires de Docelles, de Laneuveville et Pierrepont, de Laneuveville devant Bayon, du Ban de Moulin (3), etc. Pareil-

---

(1) Dumont, *Justice criminelle*, tome I, 51.
(2) Bonvalot, *Tiers État*, p. 544.
(3) Lepage, *Statistique des Vosges*, II, 83, 162, 344.

lement ses collègues, dans de nombreuses localités. Mais on ne peut y voir une usurpation aussi caractérisée et l'on peut croire qu'ils usaient, en ce faisant, des pouvoirs régulièrement concédés par le duc. Ils attirent aussi à eux des affaires dont ils ne devraient pas connaître ; au maire de la ville où ils ont leur siège, ils prennent la direction des gens de justice et s'en forment un tribunal qu'ils président, où ils jugent en premier ressort, ou réforment les sentences des mairies.

Dans le Barrois (1), leurs pouvoirs sont plus étendus qu'en Lorraine; ce sont eux généralement qui y ont la connaissance des procès criminels, et de presque toutes les affaires civiles, celles qui leurs échappent et sont jugées en première instance aux mairies leur revenant en appel.

Les prévôts acquéraient leurs charges très souvent en récompense de services rendus. Par exemple : nous voyons René II, vainqueur du Téméraire, donner la prévôté de Mirecourt au drapier Thierry qui avait exposé sa vie en sortant de Nancy, pendant le siège, pour aller en Suisse chercher des nouvelles; celle de Châtenois, à Gérard d'Aviller, son écuyer, mutilé d'un bras à la défense de Briey ; celle de Marville, à Philibert du Hautoy, pour des motifs analogues, etc. De même, Charles IV donna la prévôté d'Amance au tailleur Sureau, qui avait été son messager lorsqu'il était prisonnier en Espagne et avait enduré pour lui

---

(1) Dans le Bassigny, on trouve à La Mothe et Bourmont un sénéchal qui a toutes les attributions d'un prévôt.

des tortures (1). D'autres fois l'office était mis en adjudication. Ainsi, au commencement du xvie siècle, le
père du célèbre procureur général Nicolas Remy
acquiert la prévôté de Charmes à la suite d'enchères,
sous la promesse de payer « chacun an la somme de
quatre-vingt-quinze florins, dix gros, pièce de principal, avec les droits accoutumez, assavoir douze florins
pour les espices, neufs florins pour les porcs,
soixante libvres cire et cinquante resalx avoinne,
comme au plus offrant et dernier enchérissant, à la
chandelle ».

A cette époque, les usurpations de pouvoir et les
exactions des prévôts sont fréquentes, et de nombreux
documents nous rapportent les différends qu'ils
eurent avec les maires et les communautés. Ils n'y
ont pas toujours le beau rôle. Ainsi, en 1464, le résultat d'une enquête du procureur général de Vosges
nous fait apparaître celui de Châtenois comme
convaincu de concussion, d'arbitraire et de partia-
lité (2).

Les archives sont remplies de réclamations
contre les abus qu'ils commettent (3) ; mais comme
ces abus tournent souvent à son profit, le duc n'intervient que lorsque les plaintes s'élèvent trop vivement.
Il se voit obligé de modérer ses agents. Ainsi à Foug,
où le prévôt voulait juger seul les procès criminels,

---

(1) *La guerre de René II, duc de Lorraine contre Charles Hardy,
duc de Bourgogne*, Luxembourg, 1742, in-12, page 346; Dumont,
op. cit., I, 116, note.

(2) *Documents de l'histoire des Vosges*, t. IV, 152 et s. et 162.

(3) Cf. notamment, *Documents de l'histoire des Vosges*, VII, 284;
Archives de Gérardmer, BB. 3.

Charles III est obligé de le lui défendre en 1580 (1). A Plombières, en 1530, le prévôt d'Arches émettait la prétention de se faire entretenir avec sa suite lorsqu'il venait prendre les eaux ; les habitants réclamèrent, disant qu'ils le recevaient avec plaisir, mais qu'on abusait de leur bon vouloir. Le duc lui interdit d'exiger cette hospitalité (2). Souvent même, les souverains sont contraints de distraire de la juridiction des prévôts, des villages envers lesquels ils se sont montrés particulièrement injustes. En raison des *molestes* exercés contre eux, les gens d'Hagécourt, Rouzerotte, Madecourt, Valleroy, Moyroncour et Villotte, enlevés à la justice des prévôts de Dompaire et de Remoncourt, sont placés « sous la chaise et gouvernement » des receveurs du bailliage de Vosges par Louis, marquis du Pont (3). Ceux de Rollainville pour des motifs analogues ne sont plus justiciables du prévôt de Châtenois et sont mis par le duc Antoine sous la justice des receveurs de Neufchâteau, « comme il avait été fait ci devant des habitants de Rouceux (4) ».

Pour les indemniser, les prévôts comme les maires jouissaient d'exemptions, levaient à leur profit de petites redevances, avaient droit à des repas, ou pré-

(1) *Communes de la Meurthe*, I, 369.

(2) *Archives de Plombières*, AA. 17.

(3) Lepage et Charton, *Statistique des Vosges*, II, 266, 538. Ce privilège fut confirmé pour certains de ces villages par Antoine, le 1er mai 1511, et par Charles III le 9 novembre 1568 ; voir *Documents de l'histoire des Vosges*, VII, 289 et s., et VIII, 146 et s.

(4) Lepage, *op. cit.*, II, 432, 435 ; *Documents de l'histoire des Vosges*, VII, 294 et s.

3

levaient une part dans les amendes prononcées. Ainsi
à Domèvre le prévôt est franc de toutes tailles ; à
Vaudémont il reçoit, des habitants et veuves qui
veulent s'exempter de paraître aux plaids annaux,
deux bichets d'avoine. Celui de Frouard lève à son
profit les amendes jusqu'à concurrence de sept francs
six gros (1). Ils touchent aussi une indemnité quand
ils procèdent à l'exécution des criminels, ou lorsqu'ils
siègent comme juges. Un document naïf de la fin du
xvie siècle nous montre les avantages attachés à
l'office du prévôt d'Azerailles (2). « Il a, de droit, des
quatre sergents de la prévôté, cinq francs par chacun
an. Le premier janvier il offre à dîner aux principaux
bourgeois et après dîner chacun lui donne d'étrenne,
la pièce, afin de n'être choisi pour doyen, sergent ou
autre officier, et pour gagner l'amitié dudit prévôt, ce
qui lui rapporte bonne somme de deniers ». Il a droit
à toutes les amendes, « provenant tant des sujets de
ladite prévôté que d'autres y survenant, tant de justice, soit par ajournements, arrêts, plaintifs et de
toutes autres sortes de délits. » Il prélève trois réseaux
de seigle, autant d'avoine, onze gros, quatre poules,
deux poulets, sur les rentes des sujets de son ressort.
Il fait tous les ans une quête de grains dans le ban,
« qui lui peut valoir dix-huit à vingt réseaux ». Il fait
cuire deux ou trois et quelquefois quatre *chaufours,*
« pour lesquels le bois lui est donné par les habitants, ensemble les pierres par eux-mêmes char-

---

(1) Lepage, *Communes de la Meurthe,* I, 225, 302 et v^{is} cit.
(2) *Extrait des comptes du domaine de Lunéville* : Lepage, *Communes de la Meurthe,* I, 67, 68.

royées par corvées sans qu'il lui en coûte sinon leur
donner à boire... Au demeurant estant un prévôt
paisible et bien entretenant desdits sujets, il a deux
voies pour son chauffage et autrement pour ses autres
nécessités. »

On ne peut déterminer d'une façon générale et avec
exactitude la compétence des prévôts ; faite d'empiétements ou de concessions particulières, elle varie à
l'infini. Dans un village de son ressort le prévôt
est tout, tandis que dans un autre, quelquefois voisin,
il ne s'immisce en rien dans la justice. On ne peut
pour en donner une idée que rapporter les attributions de quelques-uns.

Celles du prévôt de Nancy furent très étendues ;
elles nous sont indiquées dans un brevet de nomination donné le 4 novembre 1537 par le duc Antoine à
Lyonnet Flory (1). Il tient le siège ordinaire de la
capitale, composé d'échevins, deux fois la semaine
pour les causes d'héritages et autres. Il appréhende
les criminels, qu'il ne doit interroger qu'en présence
de la justice de Nancy accompagnée du clerc juré ou
greffier, « appelé avec eux le procureur général de
Lorraine, afin que tant mieux il y soit procédé, plus
sainement ainsi qu'il appartient ». Aussitôt le prévenu
emprisonné, il doit en prevenir le receveur général,
« pour voir s'il a bagues, or, argent, monnayé ou non
monnayé pour l'avoir en ses mains afin de tenir
compte ». Il a la garde des portes, dont il tient les
clefs chez lui ; la surveillance des boulangeries, la

---

(1) Lepage, *Communes de la Meurthe*, II, p. 139 et suiv.

charge de l'entretien de la ville ; il règle le temps pendant lequel doit couler le *ruix* de Boudonville qui nettoye les rues. Il est tenu en tout et partout de garder, « défendre et maintenir l'autorité et souveraineté de notre seigneur (le duc), ainsi et comme un bon et loyal prévost doit et est tenu faire ». A lui appartient la nomination « des officiers et membres subalternes dudit office de prévost de Nancy, comme le maire du Vermois, le prévost d'outre Moselle, les maires de Villers, Champigneulles et Vandœuvre, doyenné d'Art. » Il présente ceux qu'il a désignés pour ces places à la Chambre des comptes, qui vérifiera « s'ils sont gens de bien, idoines et suffisants à l'exercice desdits offices », et leur fait prêter serment « ès mains du Président et gens de la dicte Chambre d'eux conduire au faict de leurs dicts offices bonnement, loyalement et traitant chacun en son endroict, les sujets gracieusement et comme il appartient, sans les piller ni rançonner en aucune manière que ce soit ». Le prévôt, lui, doit exercer ses fonctions de façon loyale et droite, « sans prendre ni exiger des pauvres gens plus que sera de raisonnable et les traitant le plus raisonnablement et gracieusement qu'il sera possible et ne fera chose qu'il ne demande conseil et advis en la Chambre des comptes ». Comme on le voit, le prévôt de Nancy avait une compétence étendue ; les affaires de sa circonscription étaient presque toutes portées devant lui ; les maires étaient regardés comme ses substituts et jugeaient en son nom.

Le prévôt de Frouard, d'après les comptes du Domaine de 1597, a le droit de remplacer un membre

de la justice manquant à son devoir pour maladie ou
autre cause. Il fournit et commande la force qui met
à exécution les jugements sur les biens des *rebellants;*
fait exécuter les mandements de Son Altesse, se saisit
de la personne des malfaiteurs, les emprisonne en sa
maison où il doit les nourrir à ses frais jusqu'à ce
qu'on ait statué sur leur sort, et, « outre ladicte nourriture, ledict prévost est sujet faire faire la procédure
dudict délinquant, jusqu'à ce que sentence d'exécution ou exemption s'ensuive, à ses propres frais; et
où il adviendroit que le prévenu fût condamné par
sentence définitive à la mort ou bien seulement d'estre
fustigé après l'exécution faite pour les démérites
dudict délinquant, ledict sieur prévost doit percevoir
pour ses frais et vacations de Son Altesse ou du
grand receveur de Nancy la somme de sept francs et
demi ». Pour les procès des forains ou étrangers,
« revêtus de quelques moyens... ledict prévôst a
puissance de prendre sur iceux les frais et nourriture
raisonnables, vacations et procédures dudict procès
comme aussi les écritures du clerc juré ». D'autres
taxes sont prélevées encore par lui (1).

A Gerbéviller (2), le prévôt a le droit de faire empri-
sonner les bourgeois, lorsqu'ils ne sont pas de garde,
il fournit les factionnaires au commandant, et punit
d'une amende de cinq francs, à son profit, ceux qui
se refusent à remplir ce devoir. Il dirige la communauté en armes à la procession du Saint-Sacrement,

(1) Lepage, *Communes de la Meurthe,* I, 388.
(2) En 1633, *Archives de Gerbéviller.* Cf. Lepage, *Communes de la
Meurthe,* I, 405.

surveille l'hygiène de la ville, l'exécution des ordonnances de police qu'il publie, et a conjointement
avec ses officiers « connaissance et jugement des
parties criminelles et extraordinaires » (1); la conduite
du malfaiteur au supplice lui appartient aussi.

A Gondreville (2), le prévôt a la garde de la ville
et les clefs des portes, il prélève de nombreux droits
sur les banwards élus, et les sergents du Saintois
nommés par lui, sur les procès-verbaux de *mésus*,
les conduits ; on lui doit des corvées et il a le dixième
des amendes. A Allain et Colombey, il amodie à son
profit le jeu de quilles de Saint-Mansuy. Il accorde
certaines permissions, comme de vendre à la fête du
village, ou d'étendre du fumier en certains endroits
réservés. Il doit être présent lorsqu'on retire un noyé
de la Moselle depuis le colombier de Chaligny
jusques à l'ermitage de Jaillon et le colombier de
Liverdun : sinon amende de sept francs et demi. Les
délits commis sur les hauts chemins lui rapportent
la même somme. « Il est assis au siège quand on tient
les journées pour administrer bonne et brève justice
s'il est requis. Il y a deux échevins élus par chacun
an par les habitants dudit Gondreville aux jours des
plaids annaux qui se tiennent au palais dudit lieu le
lundi après les Grands Rois, lesquels échevins jugent

---

(1) Il y a là usurpation bien caractérisée du prévôt sur les droits
des habitants de Gerbéviller qui, affranchis en 1265 à la loi de Beaumont, devaient par leurs officiers élus juger les criminels.

(2) *Déclaration des droits, profits hauteurs et émoluments qui
dépendent de l'office de prévôté de Gondreville et des charges qui peuvent être... rédigée par écrit de l'ordonnance de MM. les Président et
gens des comptes de Lorraine de l'année 1559* ; Lepage, *Communes
de la Meurthe,* 1, 427 et suiv.

pendant leur année tous procès qui surviennent et non ledict prevost qui est seulement pour recevoir les amendes qui s'y commettent » et sur lesquelles il prélève dix ou quinze sols, *à cause d'office*. Au Saintois, lorsqu'on dénie une dette après avoir reçu commandement de payer au sergent, la connaissance de la cause est enlevée aux maires pour être attribuée au prévôt de Gondreville, « privativement de tous autres juges, d'autant que le créditeur demande journée de maitre de marche et d'étaux et se transporte ledict prevost, ou son lieutenant, pour tenir ladicte journée ». Enfin, on ne peut se concilier devant la justice sans sa licence, « et où ils le font sans sadicte licence sont amendables de dix sols envers lui, quand la cause n'est préjudiciable au droict de Son Altesse ».

Le prévôt de Valfroicourt a la connaissance de toutes actions réelles et personnelles, « tant sur les maisons arrentées que sur les biens des demeurans en icelles » ; les amendes au-dessous de soixante sols sont pour lui. Il appréhende les malfaiteurs « sans qu'aucuns seigneurs en aient nulle cognoissance », il instruit leur procès, convoque les habitants pour juger, et fait exécuter leur sentence (1).

De même à Darney, hors pour lèse-majesté (2). A Pont-à-Mousson, le prévôt garde les clefs de la ville et des prisons ; il administre et afferme les usines et

---

(1) Déclaration du 6 août 1586, *Documents de l'histoire des Vosges*, III, 229 et suiv. ; François de Neufchâteau, *Anciennes ordonnances*, p. 28 et suiv.

(2) En 1633, *Documents de l'histoire des Vosges*, VIII, 251.

autres biens ducaux; il permet aux bateleurs de donner
représentation, visite les postes et commande le guet,
connaît en présidant les échevins de Pont-à-Mousson
des appels du mayeur de la centaine, juge seul les
faits des sergents et fonctionnaires pour leurs offices,
les *régalles*, hauts chemins et abornements, etc. (1).
Nous terminerons ce chapitre en donnant la liste
approximative des villes et villages qui furent, à une
époque ou à une autre, chefs-lieux de prévôtés avant
1698.

BAILLIAGE DE NANCY: Nancy, Gondreville, Amance,
Château-Salins, Rosières, Einville, Lunéville, Raon-
l'Etape, Saint-Dié, Azerailles, Prény, Gerbéviller,
Custines (Condé), Crantenois, Frouard.

BAILLIAGE DES VOSGES : Mirecourt, Remoncourt,
Dompaire, Valfroicourt, Darney, Bruyères, Arches,
Charmes, Châtenois, Neufchâteau.

BAILLIAGE D'ALLEMAGNE : Sierck, Kettern-Ostern,
Marsal, Sarreguemines, Forbach, Puttelange, le Saar-
gau, Faulquemont.

BAILLIAGE D'EPINAL : Epinal.

BAILLIAGE DE CHATEL : Châtel.

BAILLIAGE DE VAUDÉMONT : Vaudémont, puis Vézelise.

BAILLIAGE DE SAINT-MIHIEL : Saint-Mihiel, Briey,
Longwy, Bouconville, Mandres, Foug, Conflans,
Longuyon, Etain, Norroy-le-Sec, Sancy, Stenay,
Pont-à-Mousson, La Chaussée, Marville, Kœurs,
Domèvre-en-Haye, Thiaucourt, Arrancy.

(1) Lepage, *Communes de la Meurthe*, II, 317, 320, 321.

BAILLIAGE DE BAR : Bar, Louppy, Souilly, Morley, Pierrefitte.

BAILLIAGE D'HATTONCHATEL : Hattonchâtel.

BAILLIAGE D'APREMONT : Apremont.

BAILLIAGE DU BASSIGNY : Gondrecourt, La Marche, Conflans, Châtillon-sur-Saône, sénéchaussées de La Mothe et Bourmont.

BAILLIAGE DE CLERMONT : Varennes, Les Montignons.

En outre, ne rentrant pas dans les baillages, nous trouvons les prévôtés de DENEUVRE et BLAMONT (1).

---

(1) Voir Dumont, *Justice criminelle*, I, 93 et suiv. ; *Documents de l'histoire de Lorraine*, 1870, où est édité le dénombrement de Thierry Alix ; Lepage, *Communes de la Meurthe*, I, 68, 264, 301, 387, 405 ; *Statistique de la Meurhe*, II, 212 ; *Statistique des Vosges*, II, 11 ; Verronnais, *Statistique de la Moselle*, 2° partie, p. 50 et *v* cit. ; Dufourny, *Inventaire*, v° Raon ; Clesse, *Canton de Conflans*, I, 51 et s. ; de Bouteillier, *Dictionnaire topographique de la Moselle*, p. XIX.

Chapitre III

~~~~~~~~~~~~

La Procédure dans les Justices subalternes

~~~~~~~~~~~~

Tribunaux prévôtaux et mairies étaient connus en Lorraine sous le nom de justices inférieures et subalternes. Les affaires étaient examinées tantôt par les prévôts, tantôt par les maires, en suivant une procédure à peu près semblable dans les deux cas, sauf variété infinie dans les détails. Examinons d'abord celle usitée dans les procès criminels. Jusqu'au xiiie siècle, la procédure accusatoire, avec l'égalité de l'accusateur et de l'accusé, fut en usage. On se défendait par le serment, l'aide des cojurateurs, le serment, les ordalies, épreuves de la croix, de l'eau froide ou bouillante, le fer rouge ou le combat judiciaire (1). Puis vint la procédure *per inquisitionem,* sortie des tribunaux ecclésiastiques. La société met en ce cas sa confiance dans le magistrat qui mène le

(1) Dumont, *Justice criminelle,* I, 4 et suiv.

procès. C'est fort sommaire : le prévôt, le mayeur ou autre officier qui poursuit la répression, agit dès qu'une plainte a été formulée ; il n'y a point encore de ministère public, et la personne lésée, ou une autre qui prend en main la cause commune, dénonce le fait incriminé. La preuve par témoins, le serment, et les épreuves sont en usage. Ce sont les modes admis par la charte de Beaumont qui servit de code à de nombreux villages lorrains, néanmoins elle ne reçoit le serment, de l'accusé que dans les cas de délits peu graves. Le combat judiciaire est encore usité dans d'autres localités jusqu'au xie siècle, de même les ordalies qui subsistèrent plus longtemps (1).

A partir du xvie siècle, les prévôts et les maires agissent d'office contre le prévenu s'il y a flagrant délit ou dénonciation. Celle-ci peut être faite par n'importe quelle personne, mais l'accusé peut exiger qu'on lui livre son nom, et elle encourra des dommages-intérêts, et la charge des dépens, à moins que le crime par elle dénoncé soit d'ordre public, comme ceux de fausse monnaie, lèse-majesté, etc., et s'il n'y a point présomption de calomnie contre le dénoncé (2). Le ministère public est établi et c'est lui qui dénoncera souvent. Les procureurs généraux pour le duc et les

---

(1).Dumont, *Justice criminelle*, I, 31 et suiv. Aux plaids annaux de 1546 les abbés de Saint-Sauveur-en-Vosges se réservent « toutes cognoissances d'appel de champs de bataille ». Abbé Chatton, *Histoire de l'abbaye de Saint-Sauveur*, Nancy, 1897, in-8°, p. 111. Purgation par jugement d'eau pour accusation d'incendie, larcin ou homicide : Charte de Pont-Saint-Vincent en 1200, dans Lepage, *Communes de la Meurthe*, II, 378. On admet aussi, dans cette charte, le serment, les témoignages et le combat.

(2) Bourgeois, *Pratiçque civile et criminelle de 1614*, f° 29.

procureurs fiscaux ou d'office pour les seigneurs, de simples mandataires de leurs maîtres, sont devenus les avocats de la société, et requièrent les prévôts et les maires de procéder à l'instruction. On s'est aperçu en effet que les crimes ne lèsent pas seulement celui qui a été frappé directement, mais que tous sont intéressés à la répression. De plus dans de nombreux cas les amendes profitent au duc et aux barons, et le parquet commence par là à jouer son rôle (1), comme nous le verrons au chapitre des bailliages en étudiant plus spécialement, l'origine et l'utilité du procureur général de Lorraine.

La plainte déposée, l'inculpé peut être arrêté s'il est mal famé. Cependant, par un vieux reste de la procédure accusatoire, on emprisonne aussi le dénonciateur « pour éviter les calomnies ». Puis l'information préalable est dirigée par le prévôt, le maire ou un échevin ; un ajournement personnel par simple exploit d'huissier est envoyé au prévenu, quand le crime n'est pas atroce, s'il est personne de qualité, son cas peu grave, ou les charges relevées, légères. Autrement on lance contre lui un décret de prise de corps, enjoignant au sergent ou à l'huissier de se saisir de sa personne. Contre ce décret l'inculpé a rarement la ressource de l'asile, en Lorraine. Quoi qu'en ait dit Thibaut (2), certains lieux jouirent de ce privilège.

---

(1) Aussi ce sont souvent des receveurs qui sont établis comme procureurs fiscaux auprès des tribunaux, ainsi en 1592 à Sarrebourg. Soulié, *Notes sur Sarrebourg*, p. 135.

(2) *Histoire des lois et usages de Lorraine en matières bénéficiales*, p. 60.

Ainsi le prieuré Notre-Dame et la collégiale Saint-Georges à Nancy, la maison de l'aumônier de cette collégiale, celle des chanoines de Saint-Remy à Lunéville, les mines pendant quarante jours excepté pour les crimes. Une maison dite les Allieux à Vandœuvre, une autre à Faulx par privilège de Christine de Danemarck du 13 octobre 1545, pendant quarante jours sauf le crime de lèse-majesté (1). A Gosselming (2), les sieurs de Brac « ont une belle maison et gagnage, franche en toutes choses et pareille aux immunités des églises pour l'asile et refuge des criminels durant six semaines et quelques jours, lesquels une fois expirés, lesdits criminels en estant sortis sans être pris à ladite sortie y peuvent sûrement rentrer et continuer à la même immunité et franchise, mêmes autres six semaines et quelques jours ». Cela ferait supposer que toutes les églises jouirent du droit d'asile, tout au moins dans une partie de la Lorraine allemande, car, pour le reste du pays, on ne trouve rien qui puisse le faire supposer.

Lorsque l'accusé est dans un asile, ou qu'on ne peut pour une autre cause se saisir de sa personne, on l'ajourne à *trois briefs jours*, c'est-à-dire trois fois de

---

(1) Dumont, *Justice criminelle*, I, 60 et suiv.; Lepage, *Communes de la Meurthe*, II, 100. A Lunéville, confirmation en 1448. *Ibid.*, I, 667. Mines, Ordonnances des 14 mars 1575 et 4 juillet 1486, dans Lepage, *Recherches sur l'industrie en Lorraine* (Mém. de l'Académie de Stanislas, 1851, p. 280 et 301). A Faulx, Lettres patentes rapportées par Lepage, *Statistique de la Meurthe*, II, 181, abrogées par Léopold le 4 juillet 1725.

(2) Ancien arrondissement de Sarrebourg, canton de Fénétrange. Cf. *Trésor des chartes*, *Fénétrange*, 4, et Lepage, *Communes de la Meurthe*, I, 433.

huitaine en huitaine. Après le troisième ajournement, il est déclaré contumace, banni, et ses biens
sont confisqués, après que le dossier de son affaire a
été communiqué au procureur général, substitut ou
procureur d'office, et que les maître échevin et échevins de Nancy ont donné leur avis. Nous verrons
plus loin en quoi consistait cet avis. Si l'inculpé se
présente, il doit proposer d'abord des fins déclinatoires et de renvoi, c'est-à-dire plaider l'incompétence. Par exemple, s'il est noble ou personne privilégiée, et par conséquent non justiciable des tribunaux
subalternes ; ou bien si le crime est enlevé d'après la
loi, les usages ou la charte, à ces tribunaux pour être
attribué aux hautes juridictions. L'interrogatoire
commence, si les exceptions sont rejetées, par l'adju-
ration ou serment de l'accusé, puis il est communiqué
au ministère public. L'audition des témoins suit.
Ils sont entendus secrètement d'abord, puis sont
récolés et confrontés avec l'accusé qui, pourra les
reprocher au cas où il seraient ses ennemis capitaux
par exemple. Si les reproches ou les faits allégués
paraissent fondés, le procureur général ou d'office
requiert que l'on oblige l'accusé de nommer les
témoins qui pourront certifier ses dires. Cela donnera
lieu à un jugement interlocutoire, pour lequel on
prendra avis aux échevins de Nancy, et qui admettra
ou rejettera la preuve des faits justificatifs. De même
si l'on juge nécessaire d'administrer la question.

Celle-ci ne peut être ordonnée que si le cas emporte
peine de mort ou de mutilation de membres, s'il y a
vehémente conjecture ou indices vraisemblables

contre l'inculpé. On doit l'épargner le plus possible
aux enfants et aux femmes, la différer lorsqu'elles
sont enceintes, et aussi quand la qualité du prévenu
rend l'accusation invraisemblable. On devra encore
considérer si l'accusé s'est contredit dans ses réponses,
s'il avait de mauvaises fréquentations, « pour ce que
la mauvaise fréquentation fait jugement de mauvaises
œuvres (1) », voir s'il était ennemi du *navré*, s'il s'est
enfui en apprenant l'accusation, s'il est repris de
justice, etc.

La question s'administrait, en Lorraine, par les
grésillons, l'échelle, les tortillons et l'estrapade (2).

---

(1) Bourgeois, *op. cit.* f° 38.

(2) Les grésillons étaient des instruments analogues aux poucettes
a ctuelles où l'on serrait les ongles du questionné. On les rougissait
quelquefois au feu. (*Documents de l'histoire des Vosges*, t. I, 131).
Voici d'après Bourgeois (f° 39 et suiv.) la description de ces appareils.
« Les grésillons sont trois lames de fer en forme de presse qui se
joignent ensemble en tournant les avis, et l'on met les ongles et bouts
des doigts des mains entre l'une et l'autre des dictes lames, puis on
y serre les poulces des mains en la mesme façon, et en après les or-
teils, et ce pendant l'accusé resent de très grandes douleurs à raison
de l'exquis sentiments desdictes parties, tant à cause des petits os, la
couverture desquels est extrèmement sensible pour l'extrémité des
nerfs qui aboutissent ès dictes parties.
L'eschelle, c'est une eschelle ordinaire posée un bout sur un tre-
teau distant de terre de trois pieds ou environ, et l'autre bout posant
en terre ; au bout posé sur ledict tréteau y a un tour tournant une
corde, qui lie les mains de l'accusé et iceluy nud en chemise, et lié
par les pieds avec une autre corde attachée à l'autre bout de ladicte
eschelle, est bandé et détiré avec ledict tour tournant la corde par
plusieurs fois et à divers temps, et oultre ce on luy met un bois en
triangle soubs le dos, et un autre bois courbé soubs son col pour
retenir la teste afin qu'il puisse parler ; par fois en cest état on luy
jette de l'eau, par fois on luy donne à boire, autre fois on le détire,
tantost on luy donne une relasche le tour se laschant de toute sa
roideur, puis on le reprend de nouveau et est détiré plus ou moins
en la mesme manière, et pendant lesdicts tourments ledict accusé
endure et souffre de grandes douleurs, tant à cause de l'extension
violente de tout le corps, qui s'alongit contre nature, que pour les

On l'appelait extraordinaire quand on employait ces quatre tourments, jusqu'à ce que le médecin ordonnât de cesser. L'ordinaire se donnait quand les présomptions de culpabilité n'étaient pas très graves, au moyen

diverses parties affligées en ceste extension comme veines, artères, muscles, mais principalement les nerfs et tendons, qui sont toutes parties douées d'un sentiment fort exquis et conséquemment susceptibles de grandes douleurs.

Les tortillons sont plusieurs petits bastons de la grosseur de deux poulces ou environ, de forme ronde, desquels on se sert en ceste façon, l'on couche ledict accusé de son long sur ladicte eschelle nud en chemise, l'exécuteur luy lie les mains et bras après le gros de ladicte eschelle d'une part et d'autre, puis avec une autre corde lie et entortille les bras, cuisses et jambes avec le gros de ladicte eschelle, faict plusieurs tours avec ladicte corde et à chacun tortillon met un desdicts bastons entre ladicte corde qui faict le tortillon et la chair dudict accusé, tord ladicte corde avec ledict baston, en sorte qu'en tournant ledict tortillon, la corde presse et faict paraistre la chair pardessus ladicte corde, et ainsi de chascun tortillon. Ce qui cause grande douleur à cause de la dépression violente des muscles desdictes et contusion qui en peut réussir, et ne se peut faire sans un grand ressentiment de douleur pour les parties sensibles contenues en la structure desdicts muscles, oultre le périoste qui nécessairement est affligé en une si grande oppression.

L'estrapade, est que l'exécuteur attache une moufflette au feste de la chambre, semblable à celle de laquelle les maistres maçons se servent à tirer en hault plus aisément grosses pierres, l'accusé estant nud en chemise, les mains liées derrière le dos, et attachées au crochet de ladicte moufflette par le bas, est en cest estat a la force dudict exécuteur tiré et pendu en l'air. Quelques fois on lui lie les pieds ensemble avec cordes ou sangles, et ledict exécuteur y attache et met dex grosses pieres du poid de quatre vingt ou soixante libvres l'une, en cest estat est tiré à mont ayant comme dessus les mains liées par derrière à ladicte moufflette, et aux pieds ledict poid, à hauteur de terre de deux pieds ou environ, plus ou moins ; quelques fois on le descend plus bas, tantost on le remonte, et en ceste estat on luy jette de l'eau en bonne quantité ; le plus souvent les deux bras sont tournés à l'envers droict contremont sur les espaules, et endure grandes douleurs pour les causes qu'on peut puiser des raisons desduictes cy devant, oultre ce que comme l'on y veoit une plus grande extension de tout le corps aussi en peut on colliger une douleur plus excessive. Autres fois en cest estat sans poids, et avec poids, les mains liées par devant est ledict accusé détiré, et n'endure en ceste façon tant de douleur que de l'autre, à cause qu'a la précédente estrapade les bras liés derrière le dos, et supportant le fardeau du reste du corps endure une douleur particulière outre les luxations qui en peuvent arriver. »

des grésillons et de l'échelle où l'on était « médiocre-
ment retiré à l'arbitrage et religion du juge ». Les
coutumes locales fixaient la durée des supplices,
qu'on ne pouvait répéter plusieurs fois par jour. Ainsi
à Dommartin-sous-Amance, on ne doit questionner
qu' « une heure durant et non plus...,. en observant
que ledict prisonnier n'use de savoir raison ou mots
extraordinaires et inconnus, qui souvent invoquent le
démon, ou de caractères dans des heures ou autres choses, ou sous les ongles ou du poil, pour empescher le
sentiment de la douleur (1). » Ces quatre moyens de
torture ne suffisaient pas ; des juges féroces interro-
geaient les prévenus en employeant l'eau, la branlure,
les brodequins, frontals, jarretières, etc., ou après les
avoir fait asseoir sur des selles hérissées de clous,
pendu par les pieds « aux courbes de la cheminée »,
ou empêché de dormir pendant plusieurs nuits, ce qui
était défendu aux juges qui ne devaient pas non plus
employer certains subterfuges pour faire avouer,
qui au rebours de la question sont usités de nos
jours (2).

Les résultats de la question sont envoyés à Nancy,
« car il faut examiner lesdictes confessions et veoir
si elles sont entières, parfaictes et suffisantes, reco-

---

(1) *Grand terrier de Dommartin et Monthen*, Lepage, *Communes de
la Meurthe*, I, 310. L'on trouve dans les auteurs lorrains de nombreux procès-verbaux de question. Voir notamment, *Documents de
l'histoire des Vosges*, I, 123, III, 249 et suiv. ; Lionnois, *Histoire de
Nancy*, II, 356 et suiv. ; Bourgeois, *Praticque*, f° 42 et suiv. ; Dumont,
op. cit., etc.

(2) Bourgeois, *Praticque*, f° 41 ; Lepage, *Communes de la Meurthe*,
I, 295 ; Dumont, *op. cit.*, I, 84 et suiv.

gnoìstre les circonstances et notamment adviser qu'il n'y eust point de faulte en la forme (1). »

Les pièces revenues après examen des échevins de Nancy, le peuple est convoqué au lieu habituel. Le prévenu y est amené, et le maire ou le prévôt qui a conduit l'instruction, résume l'affaire, puis la sentence est prononcée tantôt par lui seul, tantôt conjointement avec les échevins élus pour l'année ou pour la circonstance (2), ou, ces derniers seuls, le plus souvent; d'autres fois, par le peuple tout entier. Le droit lorrain conserva dans certaines localités le principe du jugement par les pairs admis par le droit germanique. A l'origine du duché, le peuple était convoqué pour assister au jugement et souvent il donnait son avis, directement, ou par un jury tiré de son sein par élection ou désignation du seigneur. Les chartes d'affranchissements consacrèrent cette manière de procéder, et partout où elles furent concédées, le peuple ou ses représentants sont appelés à se prononcer sur la culpabilité. Dans de nombreuses localités, le principe subit des altérations, la communauté est toujours présente, au moins dans les villages, mais son rôle est borné à celui de témoin, et les échevins sont choisis par le seigneur ou le duc. C'est surtout au siège des prévôtés que l'ingérence populaire dans les jugements subit le plus vite cette trans-

(1) Bourgeois, *Praticque.*

(2) Ainsi à Derbamont (canton de Dompaire), à l'échevin de l'année on adjoint un villageois délégué par les autres. *Charte du ban de 1481,* rapportée dans les *Documents de l'histoire des Vosges,* VII, p. 86.

formation. Dans les justices seigneuriales, les vieux usages persistant mieux, on peut encore, durant le xviie siècle, citer de nombreuses localités où la communauté assemblée prononce directement; et en ce cas, le prévôt ou le mayeur n'ont qu'à diriger les débats sans s'y immiscer, à veiller simplement à ce que tout se passe selon la coutume. Ainsi, à Mirecourt, Vittel, Chàtel-sur-Moselle, Gugney, Remiremont, Bayecourt, Saint-Dié, Monthureux-sur-Saône, Valfroicourt, Obersteinbach, Mangonville, Chaumousey, Darney, Vallois, etc. (1). Au cas où le peuple n'intervient pas, quand les prévôts, maires ou échevins décident seuls, la sentence est toujours censée prise du consentement de tous, peut être, en vertu de l'adage, *qui ne dit rien consent :* « le peuple assemblé après avoir oui le rapport du procès asseyoit son jugement. » Nicolas Remy dans sa Démonolatrie nous le fait voir par ces mots : « *Sic enim sunt in Lotha-*

---

(1) Lepage, *Statistique des Vosges,* II, 41, 241, 263, 333, 412, 541 ; Dumont, *Justice criminelle,* I, 23 ; Thilloy, *Institution judiciaire de la Lorraine allemande,* p. 29 ; *Archives des Vosges,* E, 294 ; *Documents de l'histoire des Vosges,* VIII, 251, 252. A Valfroicourt le prévôt convoque les maires et habitants de son ressort. Un échevin demande l'avis du peuple « ayant pouvoir retourner trois fois au conseil des assistants et à la troisième fois prononcer et déclarer les peines esquelles le délinquant a mérité d'estre condamné ; si c'est à mort ou aultrement » (1586). François de Neufchâteau, *Ordonnances,* p. 29 ; *Documents de l'histoire des Vosges,* III, 231. A Mangonville à la fin du xvie siècle l'échevin requis dit : « MM. je demande avis et conseil d'aucuns sujets de nos dites dames (de Bouxières) ci présents, la permission d'avoir le greffier pour faire entendre auxdicts sujets, la besogne. » Après consultation, on decide ainsi : « MM. par Moi, mon compagnon coéchevin et aultres, trouvons que... doit amende corporelle (ou autre). » Lepage, *Communes de la Meurthe,* I, 717. A Vittel, les habitants ne jugent que lorsqu'il peut y avoir condamnation à mort. Voir Pierfitte, *La justice à Vittel avant 1789 (Société philomatique de Saint-Dié,* xviie année).

ringia rerum capitalium judicia ut imperitæ atque adeo armatæ multitudinis suffragiis cum summa ditione, ac citra provocationem in reum in publico expositus reddantur (1). » Dans les cas où l'accusation ne pouvait conduire à une peine capitale ou de mutilation, le peuple était plus rarement consulté et maires et échevins décidaient seuls.

Telle était la procédure employée, elle était fort rapide. Ainsi à Raon elle était terminée en sept jours : deux pour informer, un pour ouïr, un pour la confrontation, un pour la question, un pour persévérer et le septième pour l'exécution.

Mais les pouvoirs des juges, quels qu'ils fussent, furent considérablement amoindris, et la procédure fort ralentie, à une époque qui ne nous est pas connue avec certitude. En effet, en Lorraine, on ne put, dans les cas graves, condamner qu'à la peine taxée par le tribunal des Maître échevin et échevins de Nancy, juges ducaux à qui la procédure était communiquée. Les suspectes *Coupures de Bournon*, attribuent à Thiébaut II un édit rendu en 1303, ordonnant aux justices seigneuriales de mettre leurs jugements au nom du prince, « ne sien vassal à sa volonté ferir de mort ne chassier à toujours mais de son fief sans que le jugement fut dict par la boche du duc que sera » (2). On a voulu

---

(1) Leclerc. *Nicolas Remy*, note 84.

(2) *Coupures de Bournon*, édition Cayon, p. 16. M. Schutz fixe à tort l'origine de l'avis entre 1529 et 1545, disant que les États l'auraient ordonné : *Tableau de l'histoire constitutionnelle et législative du peuple lorrain*, p. 62.

voir là l'origine de l'avis. Outre que les chroniques de Bournon ne doivent être consultées qu'avec la plus grande méfiance, cette mesure paraît très improbable. Les juges de villages, fort ignorants, ne voulant pas assumer seuls de terribles responsabilités, avaient pris l'habitude de demander d'eux-mêmes conseil à des personnes savantes, renommées pour leur droiture, ou à de hautes juridictions. Les chartes d'affranchissements, comme nous le verrons en étudiant la procédure civile, prévoient quelquefois le lieu où ils devront prendre conseil. En matière criminelle, cette coutume se retouve en Allemagne, où la « Caroline » recommande aux juges, mêmes supérieurs, de consulter dans les cas difficiles des jurisconsultes étrangers, des magistrats d'ordre élevé dans la hiérarchie, des Universités ou des collèges (1). Dans la principauté de Liège, les mayeur et échevins de la capitale dictaient les sentences des justices inférieures ou *basses cours* du plat pays. Après avoir rassemblé les preuves, celles-ci devaient, en effet envoyer le dossier aux échevins de Liège pour avoir leur avis auquel ils devaient se conformer. C'était ce qu'on appelait procéder par voie de *recharge* ou d'*apprise* (2). Il en était de même en Flandre, où les justices de village allaient chercher conseil au chef de sens, tribunal des échevins des villes (3). Cette coutume était fondée,

---

(1) Allard, *Justice criminelle au XVIᵉ siècle*, p. 375.

(2) *Ibid.*, 107, 108.

(3) *Ibid.*, 108. Cf. aussi Pauffin, *Essai sur la juridiction et l'organisation municipale au moyen âge* (Nord et Est de la France), Paris, Thorin, 1886, in-8°, p. 179.

comme elle le fut en Lorraine, sur l'ignorance et l'incapacité des juges. On peut apprécier ce qu'elles étaient en lisant les recommandations minutieuses que leur fait maître Claude Bourgeois dans sa pratique judiciaire (1). Il semble bien qu'on pourrait appliquer aux juges lorrains quelques-unes des apostrophes de Loyseau contre leurs collègues français, par exemple lorsqu'il s'indigne de voir des juges *guettrés ou sous l'orme* ordonnant de la vie des hommes. Cela était d'autant plus grave que l'appel n'existait pas en matière criminelle. Nous pensons qu'ils se rendaient compte de la terrible responsabilité qui pouvait peser sur eux et qu'ils ne voulaient pas l'assumer tout entière. N'était-ce pas d'un grand repos pour leur conscience que « de juger par l'advis de ceux qui sont expérimentés ez matières criminelles et lesquelles sont establys par le Prince souverain à cet effet, « qui sçavent les choses qui sont à considérer (2) » ? Les Maître échevin et échevins de Nancy, qui avaient la connaissance des procès criminels instruits dans la prévôté de Nancy, et étaient par conséquent expérimentés en ces sortes d'affaires, qui avaient presque institué et en tous cas amélioré la procédure, durent souvent être consultés. Voyant le profit qui pouvait en advenir pour leur autorité, les ducs voulurent rendre cette coutume obligatoire. Cela mettait dans leur dépendance toutes

(1) Ainsi lorsqu'il leur recommande de ne pas lire à l'accusé le *retentum*, lorsqu'on ne fait que montrer les appareils de la torture pour intimider. *Praticque civile et criminelle*, ch. VIII, f° 44, v°.

(2) Bourgeois, *Praticque civile et criminelle*, f° 38 r°, 44 r°.

les justices seigneuriales, qui de cette façon auraient
rendu la justice sous leur contrôle à défaut de leur
autorité, et aurait pu aboutir à une jurisprudence
unifiée. Aussi les ducs et les légistes ne cessent de
dire que c'est une reconnaissance de souveraineté,
tandis que cela se justifiait plutôt par l'exorbitance des
pouvoirs accordés à des juges ignorants ou à des
assemblées populaires facilement impressionnables,
se laissant entraîner par les passions mauvaises ou
des jalousies de voisins à des décisions d'autant plus
fâcheuses qu'elles étaient irréparables et exécutées
sur-le-champ (1).

L'avis ne devait être pris qu'aux cas où le procès
pouvait aboutir à une condamnation à mort, fouet,
bannissement, torture et confiscation de biens. Il
semble qu'on n'était pas tenu de le suivre, malgré
les prétentions ducales. C'était un simple conseil que
demandait le juge pour éclairer sa justice, lui faire
voir la peine à appliquer et rassurer sa conscience.
On pouvait ne pas en profiter, augmenter ou diminuer la peine conseillée. Cela nous est montré par le
résultat des Etats généraux de 1578 (2) qui s'exprime
ainsi : « Et pourtant pour avoir l'advis des eschevins
de Nancy, il ne sera tenu de l'ensuyvre en vertu de
ce qui est passé ès lettres d'Etat de l'an 1569, par
lesquelles il est dict que pour recognoissance de sou-

(1) L'appel en matière criminelle ne fut admis en Lorraine que
sous Léopold. Dans le Barrois il exista toujours, aussi on ne prenait
pas d'avis.

(2) Rapporté par M. Beaupré : *Essai sur la rédaction des coutumes*,
p. 165 et s.

veraineté l'on sera tenu, pour faict criminel, de
prendre l'advis des eschevins de Nancy, mais non
estre tenu de l'ensuyvre comme sentence définitive,
si bon ne semble ». De même, « au cas qu'ils ne
donnent leur advis dedans lesdicts quatre jours, sera
loisible à iceluy qui aura envoyé le procès de passer
oultre à la confection et exécution d'iceluy ». Dans
les cas de suicide l'avis n'est pas nécessaire, « à cause
de la putréfaction qui pourroit advenir du corps ainsy
deffaict par luy mesme ». On n'exigeait encore, à ce
moment, la communication que pour les sentences
définitives et pour celles ordonnant la question,
cependant bientôt on la requiert pour toutes sentences interlocutoires, en même temps que l'on
s'efforce d'obliger la justice subalterne à rendre une
sentence conforme à celle exprimée par les échevins
de la capitale. Mais les protestations s'élevèrent indi-
gnées, on se refuse à demander l'avis, ou lorsqu'on
l'a reçu on n'en tient pas compte. Un édit du 6 octobre
1629 (1), le dernier sur la question, vient défendre
« au peuple assemblé pour procéder au jugement des
procès criminels, d'adjuger par leur sentence aucune
peine autre plus grande... que celle de laquelle
lesdicts Maître eschevin et eschevins auront donné
advis, auquel ils seront obligés de se conformer sans
augmenter la punition portée par iceluy, sous quelque
prétexte, cause ou couleur que puisse estre, à peine
de nullité de leur jugement et des despens, dommages et intérêts des parties, ou de leurs héritiers ou

---

(1) Rapporté par Lionnois : *Histoire de Nancy*, I, 306 et suiv.

successeurs ; demeurant seulement loisible audict
peuple assemblé pour procéder audict jugement de
modérer la peine ou l'adoucir, sans pouvoir l'agraver,
pour quelque considération ce puisse estre à peine de
nullité et sous les peines ci-dessus déclarées ». Cependant le décret ne paraît pas avoir été observé.
Ainsi, quatre ans après, dans un document de 1633,
nous voyons le maire de Darney juger avec les habitants « et après les voix colligées ledit maire suyvant
tantôt l'advis desdicts eschevins (de Nancy), *l'augmentant ou diminuant* », former, sentence contre le
criminel (1).

Les échevins nancéiens étaient très négligents à
remplir un office qu'ils revendiquaient avec force ; ils
gardaient fort longtemps les pièces avant de les examiner. Nous avons vu que les Etats de 1578 permirent
de passer outre s'ils les conservaient plus de quatre
jours. Pour permettre une pareille célérité, ils abo-
lirent la communication aux procureurs généraux « et
aultres officiers de Monseigneur. » Par demande
d'avis, les échevins avaient droit à deux francs, mais
en exigeaient quatre. Ils devaient examiner les dos-
siers et signer toutes les pièces qu'ils contenaient
comme pour les jugements qu'ils rendaient, mais cela
les ennuyait et ils confiaient le tout à l'un d'eux. D'où
des plaintes, suivies de rappels à l'ordre. En 1614, on
leur enjoint de peser plus scrupuleusement leurs
décisions, de rester à l'audience pendant les délibérations, sans sortir et rentrer à chaque instant.

(1) *Documents sur l'histoire des Vosges*, VIII, 252.

D'autres fois, on leur rappelle comment ils doivent procéder et les sommes auxquelles ils ont droit pour leurs peines.

Les justices subalternes du Mertzick et Sargaw, par suite d'une convention du 30 juillet 1620 (1), ne venaient point quérir l'avis à Nancy, mais à une cour spéciale, instituée par ce traité, qui était commune à l'Electeur de Trèves et au Duc de Lorraine, coseigneurs du pays : « *Porro in criminalibus, quibus pœna mortis, fustigatio, ac membri cujuspiam mutilatio infligenda venit, seu certe deportatio, nullum erit querellæ aut appellationis remedium a judicibus locorum ordinariis, sed tenebuntur illi ; antequam ullam definitivam ferant sententiam, seu etiam interlocutoriam, quæ per definitivam reparari nequeat, adire, consulere duos illos præfatos nostræ curiæ supremæ judices, alias judicium illorum nullum irritumque sit ; si qui illud executioni mandare præsumant, propriis suis personis bonisque culpam damnaque luent* ».

Dans le marquisat de Nomeny, aux cas criminels, les quatre justices de Nomeny, Manoncourt, Aboncourt et Chenicourt, jugent sans appel. Mais celles des villages du ban de Delme n'en ont « la congnoissance de judicature sans appel », qu'après avoir « prins l'advis et oppignion de la justice de ceulx de Nomeny (2). » Cette nécessité des demandes d'avis

____

(1) Rapportée par Rogéville : *Dictionnaire des ordonnances*, II, 39 et suiv.

(2) Ordonnance de Philippe-Emmanuel de Lorraine-Mercœur, du 12 août 1578, rapportée par Lepage, *Communes de la Meurthe*, II, p. 233 et suiv.

disparut lorsque l'appel en matière criminel fut
institué (1).

Quand on eut exigé la formalité de l'avis, le peuple
ne pouvait statuer qu'après que les pièces examinées
par les échevins de Nancy avaient été renvoyées. Le
jugement était alors établi selon une formule que nous
donne Claude Bourgeois (2). « Veu le procès extraordinairement instruict par nous les prévost (ou maire
et gens de justice) de... à la requête du procureur
général (ou d'office) et de N. contre N:, prévenu et
accusé de sortilège et vénéfice, sçavoir l'information,
l'audition de bouche dudict accusé, recolemens et
confrontations, les conclusions dudict procureur en
datte du.,., nostre sentence du... par laquelle avions
condamné ledict accusé à la question ordinaire et
extraordinaire, l'act et procès verbal de la dicte question, les conclusions définitives du procureur général
(ou d'office) du... et l'advis de MM. le Maître échevin et échevins de Nancy, du... Disons que par ladicte
procédure et par la confession dudict accusé, iceluy
est suffisamment atteinct et convaincu dudict crime
de sortilège et vénéfice pour réparation de quoy,
l'avons condamné et condamnons à estre délivré
entre les mains de l'exécuteur de haulte justice pour,
par luy estre exposé au carcan à la veüe du peuple
l'espace d'un demy quart d'heure ou environ, puis

(1) Edit de Louis XIV de janvier 1635, rapporté par Dumont, *Justice criminelle*, I, 112. On peut apprécier la sévérité des justices
subalternes en remarquant qu'au xviiie siècle la Cour souveraine
diminue plus souvent qu'elle n'augmente les peines infligées en première instance par ces justices. Voir Dumont, *op. cit.*, I, 132, 133.

(2) *Praticque civile et criminelle*, f° 45, v°.

mené et conduict au lieu où l'on a accoustumé suppli-
cier les délinquants et illec attaché à un poteau, y
estre estranglé après qu'il aura aucunement senty
l'ardeur du feu, son corps ars, bruslé, et réduict en
cendres, tous et chascuns ses biens déclairés acquis
et confisqués à qui il appartiendra ; les frais de justice
sur iceux prises au préalable par nostre sentence
deffinitive et de droit (1). »

Comme on le voit d'après cette formule, l'exécution,
de même qu'en France, suivait immédiatement la lec-
ture de la sentence. Elle avait lieu avec une grande
solennité en présence du peuple. Et Bourgeois dit :
« Le prévost ou le maire debvra donner ordre qu'il soit
assisté de gens en armes, afin que la justice ne soit
empeschée par force, violence ou autre résis-
tance (2) ».

Souvent les habitants des communes sont obligés, à
cette assistance, à fournir les échelles patibulaires,
les dresser contre la potence ou aider le bourreau dans
son œuvre. Ainsi à Sierck, Gussainville, Relange,
Aingeray, Flavigny, Norroy, Puzieux, Chaumousey,
Viviers les Offroicourt, Fontoy, Ambacourt, Pont
sur Madon, Villiers, Girecourt, Conflans en Bassigny,
Gelaucourt, Battigny, Gugney, Hammeville, Bainville,

---

(1) On trouve encore des jugements de condamnation rapportés
dans : Chatton, *Histoire de l'abbaye de Saint-Sauveur*, p. 157 et suiv. ;
Lionnois, *Histoire de Nancy*, II, 360 et suiv. ; Contre André Des-
bordes, *Ibid.*, II, 347 et suiv.; Contre un porc à Moyenmoutier, *Ibid.*,
II, 373 et suiv.; Fournier, *Notes sur la sorcellerie dans les Vosges*,
(Bulletin de la Société philomatique vosgienne, x° année, p. 96). etc.
La bibliothèque de la Société d'archéologie lorraine en conserve quel-
ques-uns.

(2) *Praticque civile et criminelle*, f° 46.

Raucourt, etc. (1). D'autres fois c'est une catégorie d'habitants. Ainsi, à Pont-à-Mousson, ceux de la centaine portent les échelles, jusqu'à ce que René II les en dispense en 1497 ; ou ceux des communes voisines, ceux du Val à Remoncourt, ceux de Rainville à Dommartin, et ces derniers à Darney (2). Les villageois de Verdenal, Domèvre, Mignéville et partie de ceux de Nonhigny, « sont sujets à garder les portes de Blàmont, quand l'enseigne de Blàmont marche et quand on fait justice », touchant pour leur dérangement, tantôt trois bichets de blé, tantôt deux miches de 12 onces, selon leur village (3). Les villageois de Rozelieures, Borville, Chamagne, Haigneville, Crévéchamps, Mont-sur-Meurthe, Blainville, Damas et Germonville, sont tenus d'assister en armes à l'exécution à Châtel, sous peine de soixante sols d'amende au profit du seigneur. Pendant ce temps, les habitants de Froville gardent les portes du château (4).

A Gerbéviller, les habitants assistent le prévôt, pendant que ceux d'Haudonville, Remenoville et Moranville gardent les portes (5).

---

(1) Dumont, *Op. cit.*, II, 217 et suiv. ; Lepage, *Statistique de la Meurthe*, II, 51, 232 ; *Communes de la Meurthe*, I, 16, 461 ; *Documents de l'histoire des Vosges*, III, 230, 231 ; François de Neufchàteau, *Anciennes ordonnances*, p. 29 ; Clesse, *Histoire de Conflans-en-Jarnisy et le Canton de Conflans*, I, 157.

(2) Lepage, *Communes de la Meurthe*, II, 319, 321 ; *Documents de l'histoire des Vosges*, IV, 186, VIII, 252 ; Dumont, *Justice criminelle*, II, 217.

(3) Lepage, *Communes de la Meurthe*, I, 95, 156, II, 40, 63 ; Chatton, *Histoire de l'abbaye de Saint-Sauveur*, p. 159.

(4) Lepage, *Communes de la Meurthe*, I, 111, II, 443.

(5) Lepage, *Ibid.*, I, 405 ; *Archives de Gerbéviller*.

Rarement, les maires ont le privilège de conduire le condamné au dernier supplice. Le seigneur suzerain, presque toujours, s'est réservé cette opération en cédant la justice, et c'est son représentant, un prévôt, par exemple, qui reçoit le criminel pour le livrer aux mains du bourreau pour « estre deffait ».

Le patient est amené au prévôt presque toujours nu et s'il est vêtu, à cause de la pudeur, ce n'est que sur sa supplication et sous protestation expresse que cela ne pourra préjudicier en rien aux usages établis (1). On va même jusqu'à réserver la corde qui est à son cou. Ainsi, en 1572, pour un porc condamné à être pendu par la justice de Moyenmoutier, pour avoir dévoré un enfant (2).

Longtemps, on refusa les secours de la religion aux criminels. Le premier qui obtint cette grâce en Lorraine, fut, selon les Coupures suspectes de Bournon, Romaric Bertrand, gentilhomme des Vosges, puni de mort, en 1408, à cause de ses crimes de sorcellerie (3), et depuis lors, des confesseurs assistèrent à l'exécution. Bourgeois recommande de « se comporter avec toute douceur, sagesse et prudence, donnant temps au patient de se recognoistre et bien mourir (4). » Il paraît même que, comme aujourd'hui, on accordait quelques friandises au

(1) *Documents de l'histoire des Vosges*, I, 179, IV, 199 et s., VII, 58 ; *Communes de la Meurthe*, I, 16, 17, II, 65, 701 ; Dumont, *Justice criminelle*, II, 218, 219.

(2) Gravier, *Histoire de Saint-Dié*.

(3) *Bournon*, édition Cayon, p. 23.

(4) *Praticque civile et criminelle*, f° 46.

condamné, telles que tartelettes, gàteaux ou bon vin (1).

Au pied de l'échafaud on relisait la sentence que le condamné écoutait tète nue, puis, le bourreau faisait son œuvre. C'était souvent un criminel gracié, touchant une certaine somme pour l'exécution, prenant quelquefois les vètements de l'exécuté, et jouissant de certains droits. Par exemple, le havage, impôt prélevé en nature sur les denrées apportées au marché ; le droit des noces, qui lui permettait, à Nancy, de réclamer neuf gros dès nouveaux mariés ; la riflerie, ou privilège d'abattre les chevaux hors de service et de dépouiller les bêtes mortes ; la vidange ou droit perçu par fosses d'aisances vidées (2).

Le bourreau opérait le plus souvent par la strangulation pour les roturiers, et la décollation pour les nobles; plus rarement par l'écartellement, la castration, l'étripement, et avant le XIIe siècle par la noyade (3). Les sorciers et les hérétiques étaient exécutés par le feu, dont parfois ils ne devaient pas sentir les ardeurs, un *retentum* ordonnant de les étrangler, quand on allumait le bùcher. Un autre châtiment appliqué était la mutilation des membres : poings, pieds, langue, joues, lèvres, etc.; quelquefois l'épilement (4). Les autres peines accessoires ou principales étaient

(1) Dumont, *op. cit.*, II, 230.

(2) Dumont, *op. cit.*, II, 219 et s.; Lepage, *Offices du duché*, p. 315.

(3) *Chroniques de Bournon*, édition Cayon, p. 6.

(4) Ainsi à Stenay en 1596, Bonnabelle, *Notice sur Stenay*, dans les Mémoires de la Société des lettres, sciences et arts de Bar-le-Duc, 1re série, t. V, p. 163.

l'amende (1) et le bannissement, très fréquemment employés ; l'exposition, le fouet sous la custode, ou en public, l'amende honorable et le blâme, l'avertissement, le fardeau ou *harnescar*, ou *hachée*. Cette dernière peine, que l'on trouve usitée dans les temps très anciens, consistait à porter pendant un moment plus ou moins long l'objet volé ou un objet symbolique : harnachement ou chien pour le noble, livre ou missel pour le clerc, soc de charrue pour le vilain. Les femmes condamnées pour injures se voient forcées de suivre la procession en chemise ou en cottes légères, avec une pierre au cou (2). L'eau punit l'adultère dans certaines localités (3). La peine des galères est aussi quelquefois appliquée dans le Barrois et le Bassigny mouvant par le Parlement de Paris, mais rarement.

(1) Le produit des amendes et confiscations appartenait aux seigneurs justiciers, qui en donnaient quelquefois une part aux gens de justice et aux communautés. S'il y avait des coseigneurs, on partageait ce produit selon un règlement. Ainsi à Domèvre (canton de Blâmont), le duc a les meubles, et l'abbaye de Saint-Sauveur les immeubles. Chatton, *Histoire de l'abbaye de Saint-Sauveur*, p. 101. A Norroy, le duc a les meubles et le corps, la dame Saint-Pierre le fonds réel. Lepage, *Communes de la Meurthe*, II, p. 245, et *Statistique de la Meurthe*, II, p. 443.

(2) D'après Bournon, édition Cayon, p. 5 et 6, Simon II ordonna que les perturbateurs de la paix publique fussent punis du harnescar « selon l'usage de l'Empire ». Voir Schütz, *Tableau de l'histoire constitutionnelle et législative du peuple lorrain*, p. 43. Dumont, *op. cit.*, I, 273 et II *passim*. On trouve dans ce dernier ouvrage de longs détails sur l'application et la nature des peines. Le harnescar subsista jusqu'au dernier siècle. Dans un procès de cette époque, une femme fut condamnée à Raon-l'Étape à se promener dans la ville avec une branche du poirier qu'elle avait dévalisé (*Archives de Raon*). La pierre punit les femmes bavardes en Alsace. A Mulhouse on voit encore le *Klapperstein* qui servait à cet usage. Voir : Gra, *A travers l'Alsace et la Lorraine*, ch. LVII.

(3) A Dieuze, Lepage, *Communes de la Meurthe*, t. I, p. 295.

Pourtant, en Lorraine, pendant l'occupation française, ces condamnations furent fréquentes. Le bourreau de ce pays, Richelieu, les trouvait même insuffisantes et pressait les juges de lui envoyer des forçats lorrains, sous prétexte que le roi en avait besoin (1).

La sentence définitive exécutée, son texte était conservé avec toute la procédure « pour servir à la postérité ce que de raison (2). » La partie civile qui avait obtenu adjudication de tous dépens et dommages-intérêts, appelait le condamné ou son représentant pour les faire taxer: « Les juges ayant prins advis de quelque advocat ou autre bon praticien auquel il conviendra faire veoir le règlement de la prévôté, seigneurie ou mairie, procéderont à la taxe et liquidation (3). » Le recouvrement en pourra être poursuivi par corps. Quand le condamné a été puni *au corps,* et que par suite ses biens ont été confisqués, tous les frais se prendront sur la confiscation, la partie civile étant préférée au fisc, « et devront estre

---

(1) Dumont, *op. cit.,* II, 293. Voir aussi sur les peines. *Jurisprudence de Lorraine,* dans Dom Calmet, *Histoire de Lorraine,* III, col. ccxii et s.

(2) Bourgeois, *Praticque civile et criminelle,* f° 46, r°. Les procédures ont disparu dans presque tous les villages. Ainsi, à Raon-l'Étape, elles ont été détruites il y a une centaine d'années, car les habitants se reprochaient des ancêtres sorciers en attestant ces archives. On trouve des procédures rapportées dans les auteurs cités à propos de la question ou du jugement et dans les *Communes de la Meurthe* de Lepage, I, 718, etc. ; Munier-Jolain, *Une bourgeoisie lorraine* ; Badel, *La Sorcière de Saint-Nicholas,* Berger-Levrault, in-8°, 1891 ; J.-B. Ravold, *L'ancien régime dans le canton de Gerbéviller,* p. 29 et suiv., Lunéville, s. d. ; Dumont, *op. cit.* ; Save, *La Sorcellerie à Saint-Dié* (Bulletin de la Société philomatique vosgienne, xiii° année) ; Pierfitte, *La justice à Vittel avant 1789 (Ibid.,* xvii° année, p. 162), etc.

(3) Bourgeois, *op. cit.,* f° 48.

taxés et liquidés lesdicts despens, dommages et inté-
rest par les mesmes juges qui ont rendu la sentence
ou jugement au principal (1). »

Les affaires civiles étaient examinées, dans les
villages, aux plaids bannaux, tenus une ou plusieurs
fois par an; les procès étaient assez rares, et presque
toujours ces plaids se passaient sans qu'on y eût jugé
autre chose que quelques mésus champêtres. Le jour
de leur tenue, quoique immuable, était annoncé, et
l'on prévenait ceux qui avaient quelque plainte à
déposer contre un covillageois de le faire, puis l'on
procédait sans aucune écriture (2). A Art-sur-Meurthe,
l'annonce était faite en ces termes par le sergent, à
travers les rues du village : « Messieurs, voilà justice
qui sied de Monseigneur le commandeur de Saint-Jean
à Art-sur-Meurthe, ce jourd'hui pour faire justice
aux pauvres comme aux riches et aux riches comme
aux pauvres, que tous ceux qui y ont affaire s'y trouvent pour la recevoir de nous sa part (3). » Puis les
parties se présentaient à la séance, et devant tous
l'affaire était examinée et la sentence décidée.

Dans les localités plus peuplées, où les procès étaient
plus fréquents, la procédure était fort variée. C'est ce
que déplore Claude Bourgeois : « La praticque en est
si diverse et bigarée parmy les justices inférieures
que grand peine peut-on rencontrer deux procès
instruicts d'un style pareil et semblable façon de pro-

(1) Bourgeois, *op. cit.*, f° 49.
(2) *Ibid.*, f° 21 : « La plupart des juges n'ont cognoissance d'écriture. »
(3) Lepage, *Communes de la Meurthe*, I, 48.

céder, non sans une infinité d'erreur et manquements notables (1). » Nous résumerons celle que cet auteur préconise. Elle était en usage à la prévôté de Nancy, et dans nombre de tribunaux subalternes, sauf des exceptions et des simplifications dans les détails.

Lorsqu'on a à se plaindre de quelqu'un, on demande au maire, ou au prévôt, un ajournement. Quand il est accordé, le sergent du lieu le signifie et dresse procès-verbal de cette opération. Deux ajournements peuvent être faits sans que l'intimé soit obligé de se présenter. Ce n'est qu'au troisième qu'il pourra encourir une déchéance ou une pénalité. Les coutumes modifièrent ce point, sauf exceptions toutes locales. Quand l'ajourné ne se présente pas à première sommation, le demandeur, aux cas d'exécution, récréance, mainlevée, complainte en trouble ou nouvelleté, pourra demander que ses conclusions lui soient adjugées. Dans les autres matières, le premier défaut emporte forclusion « des fins déclinatoires et de renvoy », le second des fins dilatoires.

Si l'ajourné comparaît, il doit immédiatement proposer ses *fins déclinatoires et de renvoi*, s'il en a, ainsi, si il soutient l'incompétence du tribunal ; puis les *fins dilatoires ou de non répondre, non procéder quant à présent*, comme aux cas de demande incertaine, litispendance, prescription, chose jugée ou transigée. Cela liquidé, on arrive à la contestation au principal. Il y a lieu, tout d'abord, à accorder au défendeur un premier délai, dit jour d'avis, pour qu'il

(1) Bourgeois, *Praticque civile et criminelle*, dédicace.

puisse prendre connaissance des prétentions du demandeur et se mettre en mesure d'y défendre. Ce délai n'est accordé que dans les actions personnelles et réelles. On doit répondre immédiatement dans les actions possessoires et en exécution. D'autres délais peuvent être réclamés. Si l'on a à appeler quelqu'un en garantie, on demande jour de garant. Si on postule une descente de lieux, cela s'appelle jour d'assein, en matières réelles, et vue de lieu, en matières possessoires. Sur ces incidents des jugements interlocutoires ou avant faire droit pourront être rendus, desquels on devra se pourvoir sur-le-champ.

Pour convoquer les témoins, il faut une commission du prévôt ou du maire. Elle est envoyée au sergent, l'invitant à sommer ceux que le demandeur indique. Il doit faire cette convocation promptement, se transportant au domicile de chacun, où il dresse procès-verbal de ses opérations. Le sergent va aussi, s'il en est requis, chercher chez les tiers, ou dans les circonscriptions judiciaires voisines, les titres et papiers dont on a besoin. La preuve des faits allégués est admise par trois moyens. Si elle est vocale, les dépositions sont recueillies au moyen d'une enquête dont le résultat est rédigé par le greffier, sous la surveillance du juge ou d'un commissaire délégué. Le serment peut être déféré ou *locqué*. Un délai est accordé pour la réflexion, s'il est référé. En dernier lieu, on admet la preuve littérale par la production de titres, papiers, etc., déposés au greffe.

Les preuves produites, la partie à qui on les oppose peut les contester en proposant ses moyens de nullité ou reproches. Par exemple, quand elles n'ont pas été fournies dans les délais, si la convocation des témoins ne lui a pas été signifiée. On peut encore *reprocher* les témoins, pour parenté, infamie, inimitié capitale, défense de la partie adverse, etc. Il peut y avoir lieu à *contredits*, qui sont des défenses opposées aux preuves elles-mêmes, telles que : prescription du titre, témoignages peu catégoriques, etc. Cela peut donner lieu à une enquête *réplicative,* faite dans les mêmes formes que la première, mais où l'on ne recevra pas les fins de nullité. L'affaire en état, la sentence définitive pourra être rendue et terminer le procès. Comme en matière criminelle, la qualité et le nombre des personnes appelées à trancher le différend varient. Plus rarement, aux xvie et xviie siècles, le peuple tout entier est appelé à donner son avis. Cela subsista surtout dans certains villages, où la justice ne se rendait qu'aux plaids annaux, devant la communauté. Nous retrouvons cette ingérence populaire à Agincourt, où les anciens sont seuls consultés ; à Lebeuville, Rozelieures, Vézeval (1), etc., tous les habitants ; de même à Insming en certains cas, comme nous le verrons au chapitre suivant.

Les juges de village, élus annuellement, le plus souvent, n'avaient pas le temps de devenir des juges bien expérimentés, et n'ayant pour tout ressort qu'une petite circonscription peu peuplée, ils étaient rare-

---

(1) Lepage, *Communes de la Meurthe*, I, 8, II, 441, 572 ; *Documents de l'histoire des Vosges*, VIII, 252 ; Vezeval ou Wesswal, hameau de Raon-l'Étape, *Pied de terre du ban en 1619*, fos 2 et 3 ; *Archives de Raon*, CC. 12.

ment appelés à siéger ; aussi, fréquemment ils vont prendre avis de gens compétents ou de tribunaux voisins, lorsqu'ils sont embarrassés, ou quand la coutume locale est muette sur le cas dont ils ont à décider. Quelquefois, la charte ou les usages leur désignent le lieu où ils doivent aller *quérir le droit*. Pour les villes affranchies, c'est généralement la ville dont la charte a servi de modèle. Les gens de justice de Beaumont et Stenay furent souvent consultés pour ce motif (1). D'après les chartes de la ville de Longwy alors lorraine, affranchie à Beaumont par Ferry III en 1276 et 1280, « les franches villes de la Duchié doivent penre droit et loix, cordes et mesures audit lieu de Longwy » (2). Pour des raisons analogues, en 1597, « tous ceux de la prévôté de Crantenois, Raon et la Tappe (Raon l'Etape), Buissoncourt et Valhey, Laneuveville-aux-Bois et Laneuveville-devant-Nancy, sont tenus premier et avant que donner sentence et justice de prendre droit par écrit des gens de la justice de Frouard, auxquels les sujets doivent payer par chacune fois neuf gros six deniers » (3). De Bures on va à Vic, de Conflans-en-Bassigny à Lamarche (4). La justice de Champigneulles doit « xommer... toutes mesures à la justice de Lay, et

(1) Bonvalot, *Tiers Etat et la charte de Beaumont*, p. 400 ; Bonnabelle, *Notice sur Stenay*, Mémoires de la Société des lettres, sciences et arts de Bar-le-Duc, 1re série, t. V, p. 155.

(2) *Histoire de Longwy*, par Clauteaux, in-8°, 1829, p. 15.

(3) Comptes du domaine de Nancy de 1597, rapporté par Lepage, *Communes de la Meurthe*, I, 387.

(4) Lepage, *op. cit.*, I, 207. Charte de Conflans-en-Bassigny de 1249, rapportée par Clesse, *Histoire de Conflans-en-Jarnisy*, p. 185.

doit tel droit comme il est usé au lieu de Lay » (1) ;
à Stenay consultent les villes de sa prévôté, à Dun puis
à Apremont celles du bailliage d'Apremont ; Minor-
ville et d'autres à Pont-à-Mousson, etc. (2).

Le jugement rendu peut être exécuté s'il n'y a pas
eu d'appel interjeté et relevé dans la quinzaine. Cette
exécution se fait de diverses façons, « sçavoir par
desplacement de meubles, ou en donnant acquecteur
de gages solvable par le debteur, par publication et
subhastation d'immeubles, par commandement,
deffence et saisie (3) ». Bourgeois, dans sa *Praticque
civile,* entre dans de longs détails sur ces divers
modes d'exécution, qu'il serait long et fastidieux de
rapporter.

Des amendes pouvaient être prononcées par
ces jugements. Elles étaient dites civiles, même
dans des matières qui seraient aujourd'hui, en certains
cas, du domaine des tribunaux correctionnels ou de
police. Il y en avait de deux sortes : les unes « deües
pour injures, delicts et mésus commis par les personnes ; les autres pour mésus commis par le bes-
tail. »

Le taux de ces amendes était réglé par les
coutumes générales ou locales (4), et elles étaient

(1) *Cartulaire à la suite d'une histoire manuscrite du prieuré de
Lay,* due en partie à Dom Calmet. Lepage, *op. cit.,* I, 567.

(2) On trouvera de nombreux détails là-dessus dans Bonvalot, *Le
Tiers État et la charte de Beaumont,* p. 400 et suiv.

(3) Bourgeois, *Praticque civile et criminelle,* f° 15.

(4) On trouvera des renseignements à ce sujet, dans la Praticque de
Bourgeois (ch. XVIII), et aux titres VI, VII et XV de la Coutume de
Lorraine.

partagées entre les seigneurs justiciers, qui en faisaient quelquefois part aux communautés, selon les usages ou règlements établis.

Il nous reste maintenant à étudier la procédure particulière suivie dans certaines communes lorraines pour le jugement des procès d'empiétement de terrain, d'abornement ou questions analogues. La juridiction qui siégeait en ces matières est connue sous le nom de féauté ou serche. L'on ne s'entend point sur l'origine du mot de féauté. M. Bonvalot le fait dériver de *fidelitas*, ensemble des fidèles d'une paroisse ; M. Guyot de *feudum, faudalis,* véridique ; Gravier, de *fides limitum* (1). Quoi qu'il en soit, cette institution a été fort répandue dans notre pays, surtout dans l'ancien comté de Vaudémont. On la retrouve aussi aux villes abbatiales de Saint-Dié et Remiremont, à Rosières, Vagney, Bayon, Saint-Germain, Dompaire, Rouceux, Derbamont, Houécourt, Bures, Gondreville, et dans toutes les centaines ducales et seigneuriales.

La féauté, d'après M. Bonvalot, aurait des origines germaniques et se rattacherait à un tribunal arbitral des *vicini* qui fonctionna en Saxe et en Espagne au temps de Charlemagne (2). Nous ne le croyons pas, et pensons que, tout simplement, les habitants d'un même village se constituèrent tout naturellement en

(1) Le mot de féauté a divers sens, il est le plus souvent synonyme de communauté assemblée ; nous pensons que c'est de là que vient le nom de la juridiction ; féauté veut dire aussi serment prêté ou bien enchaînant le vassal au suzerain.

(2) *Les féautés en Lorraine* et *Histoire du droit de la Lorraine,* p. 293, 295 et suiv.

syndicats d'arbitrage, pour conserver dans leurs limites les possessions de chacun.

La féauté est organisée le plus souvent par paroisse, et l'ensemble des habitants participe plus ou moins directement aux arrêts qu'elle rend, dans les causes réelles en matière d'anticipations d'héritages et de limites des chemins. Le mode d'opérer du tribunal varie, ainsi que la qualité et le choix de ceux qui la dirigent.

Au xvie siècle, on trouve la féauté dans chaque village du comté de Vaudémont, établie depuis des temps lointains (1). Elle y est composée généralement de sept personnes, déléguées par les villageois, présidée par le mayeur et l'échevin, assistés du sergent ou banward. L'on y procède sommairement par assignation des parties sur les lieux, « visions de leurs lettres, papiers terriers et aultres titres pour y juger sans aultre plus estroite formalité ». Le procureur général de Vaudémont ou son substitut, après avoir requis la féauté d'y procéder, assiste aux abornements des grands chemins.

Les membres de la féauté doivent être indemnisés de leur peine, et la juridiction devient quelquefois fort coûteuse, car, selon l'expression en usage, il faut mettre ces Messieurs à table avant de les mettre aux champs. Ils sont, paraît-il, très exigeants pour le menu, et jusque dans ce siècle, repas de féauté fut, dans le pays, synonyme de bombance, à ce que

---

(1) Beaupré, *Documents inédits sur la rédaction des coutumes de Vaudémont*, p. 12.

rapporte M. Beaupré (1). Les états généraux de 1603 supprimèrent le festin et le remplacèrent par une allocation de six gros, due à chaque membre, plus trois gros par borne placée. Ce ne fut qu'un surcroît de frais, le repas étant toujours exigé.

Jusqu'à la fin du XIIIe siècle, les jugements des féautés locales du comté de Vaudémont furent souverains.

A cette époque, Henri, comte de Vaudémont, institua une grande féauté, pour réformer ou confirmer leurs décisions. Celle-ci, d'après l'ordonnance du 12 novembre 1298, eut son siège à Laloeuf. Elle était composée de deux maires et de treize hommes de ce lieu, assermentés devant le bailli.

Dans la suite, ce furent les deux maires de Puxe et Souveraincourt, de Battigny et Gelaucourt, faisant partie du ban de Laloeuf, qui la composèrent avec douze habitants de ce village, choisis par le bailli de Vaudémont sous la surveillance du procureur général. Ils touchaient comme indemnité un franc, plus les amendes de huit gros, édictées contre les parties défaillantes. On saisissait la grande féauté par plainte contre les premiers juges. Au cas où les sentences de ceux-ci étaient réformées, ils étaient condamnés à soixante sols d'amende et déclarés indignes de juger à l'avenir dans aucune féauté (2). D'après l'article 41 de la coutume de Vaudémont, un troisième ressort est

---

(1) *Documents inédits sur la rédaction des coutumes de Vaudémont,* p. 14.

(2) Luxer, *Institutions judiciaires de la Lorraine,* p. 56.

établi, composé du bailli et du procureur général du comté (1).

Le triste état des campagnes ravagées pendant l'occupation française fit cesser ces vieilles institutions, et au xviiie siècle on ne trouve plus qu'une ou deux féautés.

A Saint-Dié, l'organisation de la féauté est différente. Elle s'assemble une fois par an, dans la cour du cloître, au commencement du printemps, et est composée de tous les habitants, qui doivent s'y rendre à peine d'amende. Sur présentation par ceux-ci d'une liste de neuf candidats, le *senier*, ou chanoine juge ordinaire du Chapitre, choisit, en leur remettant la baguette symbolique, les échevins qui doivent les diriger. Le senier conduit avec eux toute l'assemblée aux portes de la ville, où l'on proclame l'ouverture de la féauté. Ceux qui ont des demandes à lui présenter les exposent, puis le cortège se rend sur les lieux litigieux. Les parties et leurs témoins y sont entendus. Les échevins donnent leur avis au senier, qui prononce le jugement, lequel sera exécuté dans les huit jours, à peine d'excommunication (2).

Dans la partie sud-est des Vosges, la féauté est connue sous le nom significatif de serche ou cherche. Au ban de Vagney, elle se réunit de trois ans en trois ans et est composée de sept hommes, qui mènent

---

(1) Beaupré, *op. cit.*, p. 17, il existait encore en 1630 : Lepage, *Communes de la Meurthe*, II, 537.

(2) Gravier, *Histoire de Saint-Dié*, p. 245 et suiv. ; Chanzy, *Histoire de Saint-Dié*, p. 57 ; *Documents de l'histoire des Vosges*. IX, p. 53 et suiv. ; Bonvalot, *Les féautés en Lorraine*, passim.

leurs villageois aux champs. A Landaville, elle siège
tous les ans sous la direction du curé, assisté de
douze habitants, qui rendent des jugements dont on
peut appeler à Châtenois, puis à Nancy. A Rouceux,
ce sont les gens de justice qui dirigent ; à Dompaire,
le prévôt ; à Borville, le prévôt et le maire, quand il
leur plait ou s'ils en sont requis (là chaque habitant,
qui doit assister à la réunion à peine de dix sols d'a-
mende, touche un pot de vin du requérant) ; à Houdreville, c'est un maire spécial nommé par les sieurs
d'Haraucourt, dit le maire Boniface (1) ; à Derbamont,
le chancelier et le voué de Remiremont. Ils peuvent,
en ce village, l'assembler « toutes fois qu'il leur plait,
c'est assavoir en boix, en chemins, en pasquis, suz
bornes, rayes, et en tous aultres lieux qu'il lour plaist
et besoing est on ban » (2). A Bayon, la féauté, conduite par le prévôt de Châtel, subsistait encore au
siècle dernier. Les habitants sont tenus de s'y trouver
« sous peine de soixante sols d'amende, s'ils n'ont
point d'excuses légitimes ». Celui qui *requérait* la
féauté devait payer aux villageois « un septier de vin
pour leurs droits » (3). A Saint-Germain (canton de
Bayon), c'est le même prévôt qui conduit « la féaulté
des habitants... chacun an à visiter les chemins par
le villaige, ban et finage d'illec... lequel prévost

(1) Voir les auteurs cités dans les notes précédentes, et Guyot, *Les
féautés en Lorraine* ; *Communes de la Meurthe* de Lepage, I, 501, II,
733.

(2) Charte du ban du 10 février 1481. *Documents de l'histoire des
Vosges*, VII, 86, 87.

(3) Procès-verbal des plaids annaux de Bayon. Lepage, *Communes
de la Meurthe*, I, 111.

requiert les maires du lieu le soir, pour le matin avoir la féaulté ; et le lendemain matin, lesdicts maires et habitans comparans devant ledict prévost font promptement et avant que marcher en féaulté ung eschevin d'un desdicts habitans (duquel le maire du souverain prend le serment de garder le droict de nostre souverain Seigneur et des bons hommes seullement) ; lequel eschevin par après, raporte audit maire du souverain toutes les affaires et délicts qui sont trouvés faicts par la ville et les champs marchant la féaulté » (1).

Dans d'autres localités, chaque année le prévòt pratique « une visitation, regard ou revue des haults chemins » qui est pareille à la juridiction des féautés. Ainsi à Gondreville, Houécourt, Viéville-en-Haye, Valfroicourt, Fresnois (2), etc. Dans ces deux dernières localités, « les habitants sont tenus de suivre et d'assister le prévòt, à peine envers luy de l'amende de sept francs et demy sur chacun défaillant, à chaque fois qu'il veut faire visitation des hauts chemins, des bans et finages desdits lieux, afin de voir s'il y a mésus ou quelque nouvelle entreprise sur iceulx oultre les bornes ou aultrement ». Et si l'on trouve mésus, le prévòt requiert les habitants de l'apprécier, ce qu'ils ne peuvent refuser (3).

(1) Document du xvi⁰ siècle rapporté par Lepage, *Communes de la Meurthe*, II, 462.

(2) Lepage, *Ibid.*, v⁰ Gondreville, II, 679, et *Documents de l'histoire des Vosges*, IV, 167.

(3) Document du 6 août 1586, *Documents de l'histoire des Vosges*, III, 223.

Chapitre IV

~~~~~~~~~~~~~

L'Appel et les Buffets seigneuriaux

~~~~~~~~~~~~~

Contre les sentences des justices subalternes, rendues en matière criminelle, aucun recours d'appel n'était accordé. Au rebours des usages français, suivant les principes germaniques, le juge était présumé infaillible, de même qu'en Flandre, au pays de Liège, en Allemagne et dans la plus grande partie de l'Italie (1). En Lorraine, quoiqu'on ne reconnût aucune suzeraineté judiciaire de l'Empereur, on donnait, pour raison de ce non-recours, que le duc était prince d'Empire et que partie de ses Etats en venait (2). La seule garantie était, en ces cas criminels, la nécessité de demander un avis qu'on ne suivait pas toujours aux Échevins de Nancy. Dans les temps féodaux, quelques recours sont donnés. L'appel proprement

(1) Allard, *Justice criminelle*, p. 370.
(2) Dumont, *Justice criminelle*, 1, 94.

dit était à cette époque considéré comme une iniquité, une félonie. On ne pouvait que défier les pairs juges en combat singulier(1). Ceux-ci venaient dans l'arène soutenir le bien fondé de leur sentence contre le condamné ou son champion. Cette coutume subsista en certaines localités jusqu'au XVIᵉ siècle (2). Ensuite l'on admit le pourvoi au suzerain en cas de *défaute de droit* ou de déni de justice. Puis, celui pour *faux et malvès jugement* ou récusation. En ce cas on prenait le juge à partie devant le souverain ou le seigneur haut justicier, qui examinaient la chose en leur conseil ou en leur buffet. Ces demandes étaient accueillies facilement par les ducs, car elles favorisaient leur ingérence dans l'administration de la justice. Néanmoins la procédure était longue et coûteuse, et les puissants seuls pouvaient espérer justice (3).

En France, l'appel fut admis en tous cas sous saint Louis. Il fut introduit par l'influence des légistes, imitateurs du droit romain, dont ils eurent connaissance par les tribunaux ecclésiastiques. Au civil seulement, l'infaillibilité du juge ne fut plus reconnue en Lorraine assez rapidement. Pourtant, certaines mairies conservèrent plus longtemps le droit de rendre des jugements inattaquables. Ainsi, jusqu'à la fin du

---

(1) Troplong, *Souveraineté des ducs de Lorraine sur le Barrois*, p. 39.

(2) Dans les textes qui nous parlent de combats judiciaires, il est difficile quelquefois de distinguer si ceux-ci ont lieu comme mode de preuve ou comme mode de recours. Voir Dumont, *Justice criminelle*, I, 8, 31 et suiv.; Chatton, *Abbaye de Saint-Sauveur ; Dissertation sur les duels* dans l'*Histoire de Lorraine* de Dom Calmet, V, col, XIII et suiv. On connait l'incident Roquelaure.

(3) Dumont, *Justice criminelle*, I, 95.

xvi° siècle : Sarrebourg, Saint-Nicolas-de-Port ; Épinal à une certaine époque ; Custines, Clérey en action pour dettes, etc. (1). A Lay-Saint-Christophe les sept échevins du prieur jugent, sans qu'on puisse « rappeller d'homme du monde », tandis que le maire de la seigneurie Saint-Epvre de ce village voit ses jugements réformés par le prieur (2). Dans ces mairies on admettait cependant comme recours, le combat judiciaire au début, puis les pourvois pour faux et mauvais jugement et défaute de droit au Conseil du Prince.

Dans les autres mairies, ducales ou seigneuriales, on ne juge que par semblant, c'est-à-dire en première instance. Le *droit*, ou arrêt définitif, est l'apanage de différents tribunaux ; souvent il ne sera proclamé qu'après que l'affaire aura été examinée par plusieurs juridictions : mairies voisines, prévôtés, buffets seigneuriaux, sièges bailliagers, etc. De ces tribunaux, comme nous le verrons, au bailliage de Vosges, on ira en dernier ressort devant les furs assises des prévôts. Dans ceux de Nancy et d'Allemagne, à l'hôtel Monseigneur le Duc, c'est-à-dire aux Assises de la Chevalerie, sauf des exceptions. Aux autres bailliages, domaines nouvellement réunis au duché, le Conseil ducal ou la Chambre des Comptes ont le dernier ressort (3). Dans le Barrois et Bassigny la hiérarchie

(1) Soulié, *Sarrebourg*, 112 ; Munier-Jolain, *Une bourgeoisie lorraine*, 196 ; Lepage, *Statistique de la Meurthe*, II, 122 et *Communes de la Meurthe*, v° cit.

(2) *Communes de la Meurthe*, I, 560.

(3) Edit du 14 août 1597, et autres, rapportés par Rogéville, *Dictionnaire des Ordonnances*, I, 25, et *passim*.

se précise mieux. Généralement, des sentences des maires on appelle au prévôt, du prévôt au bailli ; du bailli on a dernier remède aux Grands Jours de Saint-Mihiel, pour le Barrois lorrain, et au Parlement de Paris ou autres tribunaux français pour la Mouvance.

Nous trouvons des cas fréquents où des mairies servent de cour d'appel à leurs voisines. On les qualifie généralement de mères cours (1). Ainsi, à Longchamps-sur-Moselle, les maire et justice du grand ban pour les villages qui le composent. Le maire ducal d'Houdreville et son échevin « ont puissance et autorité de vider les appellations en dernier ressort qui lui sont apportées du lieu de Clayeures, appelé avec lui le procureur général du comté de Vaudémont, lesquelles étant décidées sont cachetées et renvoyées audit Clayeures » (2). Bainville-aux-Miroirs, a le même pouvoir pour les jugements de Lebeuville (3), jusqu'à ce que vers 1580 cette compétence fut transférée à Châtel, où, à la halle, la Justice et les bourgeois du lieu réformèrent les jugements qui en dernier ressort étaient examinés au buffet ducal de Châtel (4). D'ailleurs, à cette halle, presque tous les jugements du bailliage viennent en seconde instance. De Minéville, et d'autres localités du comté de Blàmont, on va à la

---

(1) On appelle aussi mères cours des tribunaux jugeant souverainement.

(2) Comptes du domaine de Vaudémont, 1583 ; Lepage, *Communes de la Meurthe*, I, 502. Houdreville (canton de Vézelise). Clayeures (canton de Bayon).

(3) Ces deux localités sont du canton de Haroué. Lepage, *op. cit.*, I, 572.

(4) Lepage, *ibid.*

mairie du chef-lieu ; de Moriviller à Gerbéviller (1) ;
de Bouxières-aux-Chênes à Vandières jusqu'en 1448 ;
de Châtenois à Frouard, de Rainville à Dommartin,
de Darney à Mirecourt, etc. (2). Comme la procédure
n'était pas écrite, le plus souvent, les échevins de
première instance étaient chargés d'aller rapporter *de
bouche* à la Mairie d'appel, ce qu'on demandait et ce
qui avait été décidé. Ils touchaient une indemnité et
un supplément pour « appareiller et engraisser leurs
souliers ». Comme ils étaient seuls présents à cette
décision, ils en abusaient, et de retour au village refu-
saient de renseigner les plaideurs tant qu'ils n'avaient
pas été payés. Souvent, des ordonnances vinrent y
remédier dans des cas particuliers, ordonnant d'écrire
la procédure, et taxant les frais (3).

Dans le comté de Bitche, les appels des justices de
Rederching, Rimling et Bitche vont à Walschbronn,
de Walschbronn à Schorbach, et en dernier ressort
au buffet du Comte. Ceux de Walschbronn ne passent
que par Schorbach avant le buffet. D'Obersteinbach
on alla à Lehnbach, et de là à Haguenau en Alsace,
jusqu'à ce que le duc de Lorraine prescrivit d'aller
directement à Bitche (4). A Pulnoy, où la justice
appartenait aux dames de Bouxières, l'appel des

(1) Lepage, *op. cit.*, II, 40, 65.

(2) Lettres de Jean de Calabre de 1448. Lepage, *op. cit.*, I, 186 et
suiv., et *Statistique de la Meurthe*, II, 86 ; *Documents de l'histoire
des Vosges*, IV, 184 et s., VII, 256 et s., VIII, 252.

(3) Entre autres : 6 décembre 1499. *Trésor des chartes, lettres
patentes*, vol. 137, f° 73 ; *Documents de l'histoire des Vosges*, VII, 256
et suiv.

(4) Thilloy, *Institutions judiciaires de la Lorraine allemande*, p. 32
et 62, note 6.

sentences rendues en matières personnelles et réelles était porté à Bouxières-aux-Dames, mère cour, et de là, quoique ces villages fussent lorrains, on allait à Liverdun et à Toul (1).

Dans d'autres cas, on va encore à l'étranger chercher le ressort ; ainsi du bailliage d'Apremont on va au tribunal de Sainte-Croix de Verdun. Cela était surtout fréquent au moyen âge, et les villes dont les chartes avaient servi de type à l'affranchissement étaient consultées comme cours d'appel : Beaumont, Stenay, Longwy, etc. Mais il semble que le recours n'est admis qu'en cas de faux et mauvais jugement. Ainsi de Pont-Saint-Vincent, affranchi en 1200, on se pourvoit en ces cas à Beaumont. Si le pourvoi est admis, les juges encourront amende de 100 sols (2).

Les Échevins de Nancy, comme on le verra, siégèrent aussi comme juges d'appel, pour les mairies de la prévôté, celles de Flavigny, Bouxières-aux-Chênes après 1448, Champigneulles en certains cas, Amance, et autres bonnes villes. Ils prétendirent même ce droit dans tout le bailliage. De leurs décisions on se pourvoyait au droit de l'Hôtel de Ville, c'est-à-dire au Conseil (3), aux cinq cas, et dans les autres cas à l'hôtel Monseigneur le Duc. Les receveurs des bailliages, ou leurs lieutenants, sont aussi juges d'appel.

---

(1) Encore en 1607. Lepage, *Communes de la Meurthe,* II, 396.

(2) Lepage, *op. cit.,* II, 380.

(3) Lepage, *Communes de la Meurthe,* I, 187, 221 ; *Statistique de la Meurthe,* II, 86, 189. Voir aussi Bourgeois, *Praticque,* ch. XI.

Ainsi, à la Bresse, le receveur d'Arches ou son lieutenant remplissent ces fonctions (1).

Les seigneurs tenaient quelquefois des buffets,
tribunaux jugeant souverainement. C'étaient de
petits conseils, présidés par le baron ou un de ses hauts
officiers. Ce privilège de tenir buffet n'appartenait
pas à tous, mais seulement à ceux qui possédaient
leurs seigneureries en francs alleux, qui étaient ou
avaient été seigneurs régaliens, et n'avaient pas laissé
les ducs usurper sur leurs pouvoirs. Ainsi les chapitres de Remiremont et Saint-Dié, les princes de
Lixheim, les comtes de Salm, de Vaudémont, de
Morhange, Blâmont, Fénétrange, les sires de Com-
mercy, Lignéville, Pierrefort, Villacourt, Vannes-le-
Château, Saint-Maurice, Sornéville, Fontenoy, Frawen-
berg, Bousbach, etc. (2). Cela n'était pas toujours
un indice de puissance, puisque les seigneurs des
deux dernières localités que nous avons citées ne
possédaient, l'un que deux villages, et l'autre un seul.

Ces buffets rendaient à l'origine des arrêts souverains et sans remèdes, dans les causes d'appel ou dans
celles excédant la compétence des justices inférieures
de la seigneurie. Les ducs attaquèrent ces droits
et s'efforcèrent d'attribuer à leurs tribunaux le
dernier ressort. Ils y arrivèrent souvent. Des barons
résistèrent mieux et surent garder intacts jusqu'au

(1) Coutumes de la Bresse. *Archives de la Bresse*, AA, 1.

(2) Thilloy, *op. cit.*, p. 32 et suiv. ; *Documents de l'histoire des
Vosges*, VIII, 177 ; Lepage, *Communes de la Meurthe*, I, 151, II, 292,
494, 617, 684 ; Rogéville, *Dictionnaire des Ordonnances*, vᵒ Sornéville ;
Pierfitte, *La justice à Vittel avant 1789* (Bulletin de la Société philomatique vosgienne, xviiᵉ année, p. 161).

bout leurs droits de justice souveraine. Dans certains
cas ils durent cependant céder et abandonner au duc
la révision en cassation des sentences de leurs buffets,
par plainte faute de justice ou mauvais jugement.

L'organisation de ces buffets est fort variable. On
ne peut en donner une idée qu'en citant quelques
exemples. A Remiremont, l'abbesse, de par la dona-
tion de saint Romaric, avait seule le droit de justice.
Les voués ou protecteurs du Chapitre empiétèrent
rapidement sur ses pouvoirs et l'amenèrent à les
partager avec eux. Le plus puissant de ces voués
était le duc de Lorraine. Il exerça les droits de justice
ainsi acquis, par l'entremise de ses prévôts d'Arches
et de Dompaire, en concurrence avec l'abbesse.

Les sujets justiciables du duc appelaient des
jugements « dont ils étaient grevés » aux Assises de
la Chevalerie. Quant à ceux des chanoinesses, ils
s'adressaient aux Grand Echevin et jurés de Remiremont, qui au nombre de quatre, nommés par
l'abbesse, assistés d'un greffier, statuaient aussi en
première instance dans les affaires des habitants de
la ville abbatiale. Les pièces leur étaient apportées ;
ils les examinaient, jugeaient, et les renvoyaient avec
leur arrêt à la mairie de premier ressort, qui en
donnait connaissance aux intéressés. Contre la
décision des jurés l'on se pourvoyait au buffet de
l'abbesse, par plainte contre eux. Mis en cause, ils y
venaient soutenir le bien fondé et les raisons de
leur sentence. Ce buffet ou chambre abbatiale
examinait encore en première instance les procès des
officiers et domestiques du Chapitre. Il était dirigé

par l'abbesse, assistée de deux conseillers, gens savants en droit, choisis plus tard dans l'ordre des gradués ou des avocats. Lorsqu'on y jugeait des fonctionnaires communaux de Remiremont, l'abbesse était aidée du grand prévôt de l'Abbaye. A défaut de celui-ci qui résidait rarement, c'était le lieutenant Saint-Pierre, avocat lui aussi. Les appels de la sénéchaussée de Remiremont y venaient directement. Cette sénéchaussée comprenait les mairies du Val-d'Ajol, Celles (hameau de Saint-Amé), Pont, Raon-aux-Bois, Rehaupal, Varinfête, Saint-Pierre, Gugney-aux-Aulx, Gorhey et Champdray.

La dame doyenne tenait aussi buffet. Elle y était assistée par deux avocats. On y jugeait sur appel les sentences des mairies où elle était haute justicière, et celles rendues en première instance par les jurés de Remiremont. En premier ressort y venaient les procès entre chanoines ou bénéficiers de l'église, portés ensuite à la Chambre abbatiale.

La dame secrète, seconde dignitaire, avec l'aide d'un avocat, statuait sur les pourvois de ses hautes justices. De même la dame sonrière ou économe. Lorsque cette dernière était cojusticière d'un village avec l'abbesse, ces deux dignitaires jugeaient ensemble. Des arrêts de ces divers buffets on pouvait se pourvoir par plainte au Conseil ducal, remplacé au xviie siècle par la Cour souveraine. Quant à ceux rendus par la Chambre abbatiale, les dames chanoinesses ne prétendaient relever que de l'Empire, et ne voulaient admettre remède qu'en cassation à la Chambre impériale de Spire. A partir du xvie siècle, surtout après le traité de Nuremberg, les ducs repoussèrent cette prétention. Le Conseil ducal, puis la Cour souveraine furent alors compétents en ces cas. Telles furent les différentes juridictions qui siégèrent à Remiremont. Elles subsistèrent jusqu'en 1790 (1).

Le Chapitre de Saint-Dié avait dû céder une partie de sa puissance judiciaire aux ducs. Il avait conservé néanmoins de nombreuses possessions où il avait seul la haute justice. C'étaient : le Val de Galilée ou de Saint-Dié, la Distribution, le Chaumontois et l'Alsace. Les maires y jugeaient, pour les chanoines, toutes les affaires. De leurs sentences, on appelait au buffet du Chapitre, ainsi que de celles rendues par la Pierre Hardie, tribunal organisé à Saint-Dié vers le milieu du XVIe siècle et présidé par le sonrier. Contre les arrêts du buffet on ne pouvait se pourvoir que par plainte. En 1530 encore, les chanoines prétendaient que celle-ci devait être portée à la Chambre impériale (2), mais les ducs surent rendre leur Conseil seul compétent en ce cas (3).

---

(1) Un arrêt du 18 septembre 1702 avait établi un siège mixte, avec un juge pour le duc et un pour l'abbesse. Ce ressort fut supprimé en 1751. *Recueil des Ordonnances*, VIII, p. 323. Pour la justice à Remiremont, voir : *Documents de l'histoire des Vosges*, I, 106 et s., II, 169 et suiv., VIII, 219 et suiv., IX, 118 ; Lepage et Charton, *Statistique des Vosges*, vo Remiremont ; Richard, *Notice sur l'ancienne justice seigneuriale du ban de Longchamps*, Epinal, 1841, in-12 ; Richard, *La justice à Remiremont* (Mémoires de la Société d'archéologie, t. xxxi, p. 281 et s.) ; Bonvalot, *Droits et coustumes de la ville de Remiremont*, Paris, 1871, in-8o.

(2) Krug-Basse, *Histoire du Parlement de Nancy* (Annales de l'Est, 1896, p. 40).

(3) Voir Gravier, *Histoire de Saint-Dié, passim*. ; Chanzy, *Histoire de Saint-Dié*, p. 127 et suiv. ; *Documents de l'histoire des Vosges*, IX, 53 et suiv. Lepage et Charton, *Statistique des Vosges*, II, 457

A Fénétrange, existait une *Chancellerie* où entraient les officiers du prince de Salm et du Rhingraff, qui renvoyaient en certains cas les affaires au buffet des comtes, les actions personnelles et les autres à la justice échevinale. Les appels de cette justice se portaient au buffet, qui statuait définitivement jusqu'à 1,500 florins d'or. Au-dessus de cette somme, on pouvait se pourvoir à la Chambre impériale, ce qui arrivait fort rarement. Dans le comté de Salm, le buffet fut remplacé à la fin par un conseil d'avocats siégeant à Nancy (1).

Avant le xvie siècle, dans le marquisat de Nomeny, les procès civils et criminels étaient jugés, comme en Lorraine, par les maires. Vers la fin de ce siècle, Nicolas de Lorraine, duc de Mercœur, institua un bailli « pour, en son bailliage, faire et administrer justice, cognoistre par lui ou son lieutenant de certains droitz et actions desquels la justice localle congnoissoit (2). »

Des difficultés survinrent, parait-il, entre ce bailli et les maires « pour le règlement des actions desquelles ung chacun debvoit congnoistre (3). » Philippe Emmanuel de Lorraine-Mercœur, le 12 août 1578, unit

et suiv. et *v^{is} cit. ; Communes de la Meurthe*, II, 647. On trouvera des détails sur les possessions du chapitre dans : de Golbéry, *Recherches topographiques sur d'anciennes possessions du chapitre de Saint-Dié en Alsace et en Lorraine* (Bulletin de la Société philomatique vosgienne, iiie année).

(1) Lepage, *Communes de la Meurthe*, I, 342 ; Mengin, *Barreau lorrain*.

(2) Ordonnance du 12 août 1578, rapportée par Lepage, *Communes de la Meurthe*, I, 233 et suiv.

(3) *Ibid.*

alors la justice locale de Nomeny au tribunal bailliager, qu'il composa d'un bailli, d'un lieutenant et
de quatre conseillers. Ils doivent connaître « de
toutes actions civiles et criminelles qui seront intentées par devant eulx, entre quelques personnes que
ce soit, nobles ou roturiers. » Les sujets des villages
d'Aboncourt, Manoncourt et Chenicourt, plaident
devant eux « en matières d'injures, de délits person-
nels et réels, possessoire et d'exécution, sommairement et sans appel. » Dans les causes personnelles,
« si la chose excède la somme de trois cents francs »,
on peut appeler au buffet. Pour le ban de Delme, où
les mairies jugent, après la sentence sur appel du
bailliage on peut encore se pourvoir au marquis,
dans les litiges de même importance (1).

Les autres buffets seigneuriaux ont une organisation semblable. Comme ceux dont nous venons de
parler, ils sont composés du seigneur, qui statue seul,
ou assisté d'un conseil dans la composition duquel il
imite le duc suzerain. Il s'adjoint ses fonctionnaires,
baillis, prévôts ou autres officiers, ses proches, et
quelquefois les sages de l'endroit.

Certains tribunaux d'appel étaient interseigneuriaux.

Ainsi la Mütterhof, mère-cour ou maire cour
d'Insming, autrefois Amange. On s'y pourvoyait des
décisions rendues dans dix villages environnants, où
les ducs de Lorraine, le seigneur de Brombach, les
prieurs d'Insming et de Saint-Denis en France avaient

(1) Voir l'ordonnance citée plus haut.

des sujets et des droits de justice (1). Cette mère
cour connaissait, en première instance, des affaires
excédant la compétence de ces dix mairies, et des
appels. Cela souverainement. On n'accordait même
pas le recours au Conseil ducal par plainte faute
de justice ou pour mauvais jugement (2). La mère
cour s'assemblait dans la cour du prieuré d'Insming,
sous la présidence du maire ducal ou schiermeyer de
Greningen. Elle était composée de dix-sept membres,
maires et échevins du ressort, savoir : quatre
d'Amange, deux de Bitche pour le duc, trois pour le
sire de Brombach, trois « de la justice de Saint-
Denis, à cause du prieuré de Zell », et trois pour le
prieur d'Insming. Pour qu'un procès pût être
décidé, il fallait qu'une des parties eût pour elle
la presque unanimité des membres de la mère cour.
S'ils se trouvaient d'opinions contraires, le grand
maire (schiermeyer) et le maire de Saint-Denis
faisaient appeler à la halle les *Heyberts* ou portariens « en nombre d'à peu près trois cents. » C'étaient
ceux qui possédaient « des héritages au ban et prévôté
d'Insming, lesquels étaient tenus de comparoir au
premier commandement » ; on leur exposait l'affaire,
plusieurs fois, de manière à ce qu'ils la comprissent
bien. Après que les parents des parties litigantes
avaient été récusés, et qu'ils s'étaient informés de la

---

(1) Thilloy, *Institutions judiciaires de la Lorraine allemande*, 33, 63 ;
Bonvalot, *Histoire du droit de la Lorraine*, I, 357 ; Dumont, *Justice
criminelle*, I, 21.

(2) Edit du 24 septembre 1575. Rapporté par Rogéville, *Dictionnaire
des Ordonnances*, I, 607.

partie qui avait entraîné le plus de voix en sa faveur, les Heyberts sortaient un à un de la salle, disant leur opinion aux sergents placés à la porte, pour recueillir les suffrages au moyen de coches sur des tailles de bois. Le jugement était rendu alors, d'après l'avis de la majorité, et les portariens étaient indemnisés de leur dérangement par quatre gros pains et quatre pots de vin (1). En 1606, le nombre des membres de la mère cour fut réduit à neuf : deux d'Amange, un de Bitche, les deux maires d'Holignier et Greningen pour le duc, un pour le prieur d'Insming, un pour celui de Saint-Denis, et deux pour le seigneur de Brombach. Les Heyberts ne sont plus appelés, et si les juges sont embarrassés, ils prendront avis où ils voudront. Cet état de choses subsista jusqu'en 1698, époque à laquelle on établit à Insming une prévôté, transférée plus tard à Sarralbe, pour juger les affaires que connaissait la mère cour (2).

Pour le Mertzick et le Sargaw, une cour suprème, dont nous avons parlé à propos de *l'avis*, fut établie en 1620 par un traité passé entre Charles IV et l'Electeur de Trèves, qui possédait des droits sur ces pays. Elle fut composée de deux juges nommés chacun par l'un des souverains, d'un greffier (*actuarius*) nommé d'un commun accord, assistés de deux sergents (*apparitores*) désignés par les juges, et d'un procureur fiscal. Cette cour donnait son avis pour

---

(1) Ordonnance de 1606.

(2) *Recueil des Ordonnances*, I, 50, II, 378. Pour être portarien, il suffisait de posséder sur le territoire de la commune, point n'était besoin d'y résider.

les procès criminels, connaissait en première instance des matières féodales au possessoire et au pétitoire, des causes entre communautés et bénéficiers au pos-sessoire, et jugeait en appel tous les procès civils, ceux d'injures et les petits délits examinés en premier ressort par les mairies. Pour pouvoir statuer vala-blement, l'unanimité était requise ; si on ne pouvait y parvenir, les juges tombaient d'accord pour désigner trois hommes expérimentés pour juger à leur place. Si l'entente ne se faisait pas pour ce choix, l'affaire était renvoyée aux souverains, qui décidaient. L'on appelait des jugements de premier ressort de cette cour suprème par une requête au Duc et à l'Électeur, qui nommaient spécialement, d'un commun accord, trois juges pour revoir le procès (1).

Telle était l'organisation de quelques-uns des tribu-naux statuant en appel sur les sentences des mairies. Nous en verrons d'autres dans les chapitres suivants.

(1) Traité du 30 juillet 1620 rapporté par Rogéville, *Dictionnaire des Ordonnances*, II, 39 et suiv.

Chapitre V

~~~~~~~~~~~~~

Justices d'exception.

~~~~~~~~~~~~~

Juridictions commerciales. Hans. Maîtrises. — En
1341, les marchands ou merciers du duché de Lorraine, et principalement ceux de Nancy et de Saint-
Nicolas, se réunirent en une corporation ou han,
dont ils firent reconnaître les statuts par le duc Raoul,
alors régnant. Celui-ci leur donna comme siège social
la collégiale Saint-Georges, qu'il avait fondée deux
ans auparavant dans une dépendance de son palais,
plaçant ainsi la nouvelle confrérie sous la protection
de l'Église, comme les gildes du Nord de la France (1).
Par cette union, les merciers n'étaient plus justiciables
des tribunaux ordinaires, mais des maîtres qu'ils
choisissaient annuellement. Ceux-ci étaient au nombre
de quatre, au-dessus d'eux était placé le roi des merciers et son lieutenant. Ils connaissaient tous les

(1) Pauffin, *Essai sur les juridictions communales.*

procès qui pouvaient surgir pour faits de la profession et toutes contraventions commises par les confrères. Ainsi, si l'un d'eux « va contre le mestier »,
ils peuvent prononcer contre lui une amende, le
chasser de la corporation, le mettre comme en qua-
rantaine en défendant à ses collègues de rien lui
vendre ou acheter; ils surveillent les poids et mesures
dans tout le pays, confisquant ceux qui ne sont pas
justes, contrôlent les denrées vendues, et saisissent
celles qui sont avariées, condamnant en outre les
détenteurs de ces faux poids ou de ces denrées. Ils
peuvent contraindre le mercier qui vit avec une femme
autre que la sienne à chasser sa concubine (1); lorsque
des contestations ou des querelles s'élèvent entre
confrères, ce sont les maîtres qui les apaisent (2).
Leur juridiction est obligatoire dans tous ces cas, et
celui qui s'aviserait de recourir à un autre tribunal
que le leur, encourrait une amende et des dommages-
intérêts envers son adversaire, et serait exclu tant
qu'il n'aurait pas payé (3). Les amendes prononcées
contre les contrevenants appartiennent par portions

---

(1) Et li merciers qui moinroit aultre femme que la soie li maistres
l'en puet constraindre et faire départir. Charte de 1341. Lepage, *Justice consulaire*, p. 9 et suiv., et *Communes de la Meurthe*, II, 101.

(2) Et s'aucuns merciers y avoit qui baten faissent li uns a l'aultre
ou feissent hutin, li maistre les en puet corrigier et les en puet accour-
dier. *Ibid.*

(3) Et c'il y avoit aucun mercier qui contrengnet aucun compagnon
mercier de chouze qui audict mestier appartenroit et pourroit appartenir par devant aultre justice que par devant lou maistre don mestier, soient clers, soient lays, pour tant que merciers soient, li maistres
dou mestier, par lui et par les quatre dessus dis, puet condempneir
celui qui ceu ferat, et ne puet estre rappellées jusques a tant qu'il
averoit discostengiés celui cui il averoit mis en domaige et fait
l'amende. *Ibid.*

égales au trésor de la collégiale Saint-Georges et à la corporation.

Telle serait, d'après Lepage (1), l'origine des tribunaux consulaires dans le duché de Lorraine, ce qui fait que ceux-ci y auraient été établis bien avant qu'on ne les connût en France. Il est vrai que toutes les corporations de métiers jouissaient de prérogatives semblables, mais ce qui fait qu'on peut considérer la confrérie des merciers de Lorraine comme un embryon de juridiction commerciale, c'est qu'elle comprenait sous ce nom de mercier, aujourd'hui spécialisé, tous les genres de commerces connus à l'époque, que ceux qui les exerçaient devaient y être affiliés, et que son ressort s'étendait sur tout un pays.

Le duc Raoul accorda des prérogatives semblables à celles dont jouissaient les merciers, aux charpentiers « ovrans de haiche », et aux maçons, aux corvisiers et boulangers, etc., dont les confréries, qui furent rattachées à la collégiale Saint-Georges, jouirent de l'exemption des justices ordinaires. Le roi et les quatre élus « corrigent » ceux qui ont « meffait dans l'exercice de la profession » par tout le duché et, si l'un des compagnons en cite un autre, ailleurs que devant eux pour cas appartenant au métier, il sera condamné à une amende de cinq sols (2). Mais ces

(1) *Op. cit.*, p. 1.

(2) Et que c'ilz qui roy serait puisse corregier son année durant par le consoil des quatre esleus tous ceaulx qui seroient de ladicte confrarie qui averoient meffait en ceu qui a lors mestiers qui appertanroit li uns envers l'autre, ensis comme sont li maistres des corvesiers et belengiers de nostre dicte ville et que cilz qui roy seroit auroit la clamour et la correction per toute nostre terre, ou que il trou-

corporations semblent avoir été moins florissantes que celles des merciers. Plusieurs disparurent rapidement : ainsi celle des maçons et charpentiers paraît ne plus exister en 1421, puisque Charles II établit à cette époque un maître de ces métiers pour visiter les ouvrages, ce qui aurait été du ressort du roi de ce han (1). Dans le cours des xive et xve siècles, d'autres confréries furent reconnues par les Ducs, flotteurs ou voileurs de Raon-l'Étape, sous la protection de saint Nicolas, bouchers de Lunéville, pâtissiers de Saint-Nicolas, qui doivent connaître des différends entre confrères ou des délits qu'ils commettent, exception faite seulement pour les cas de crime ou de lèse-majesté réservés aux officiers ducaux (2).

Mais c'est surtout dans les siècles suivants que des corporations se forment, par scission dans celles déjà existantes ou par suite de l'introduction de nouvelles industries dans le pays. Les ducs reconnaissent leurs statuts, et donnent aux maîtres assistés des confrères des droits de juridiction étendus ou de simples pouvoirs de police. Les unes, comme celles des maîtres

---

veroit aulcuns desdiz confraires malfaisans ou haant descort de ceu que apperttanroit à lor mestier per le conseil des quatre esleus, et cilz desdiz confraire qui à aultre se clameroit que à lor maistre paye cinq sols tournois et ne fut point receu davant aultre justice pour les cais appartenant à lor diz mestiers dont ils averoient descort l'uns envers l'autre. Charte des Charpentiers, *Communes de la Meurthe*, II, p. 102 et s.

(1) Lettres patentes, 1er juillet 1421, rapportées : *Communes de la Meurthe*, II, p. 108 et s.

(2) Bouchers, lettres patentes, 13 janvier 1417. *Communes de la Meurthe*, I, 625 ; Pâtissiers de Saint-Nicolas, *ibid.*, II, 480. Pour les flotteurs de Raon, voir : Cabasse, *Quelques documents sur les anciennes fortifications de Raon-l'Étape*, in-8°, Saint-Dié, 1873, p. 31.

d'écoles de Nancy et des boulangers de Saint-Nicolas-de-Port, ne peuvent que signaler au Conseil de leur ville, qui y apportera remède, les abus commis dans la profession (1).

D'autres maîtrises connaissent par leurs maîtres, auxquels s'adjoint quelquefois « la plus saine partie d'entre eux », les faits et abus du métier, contestations des confrères entre eux, avec leurs employés ou leurs clients, à charge d'appel aux Échevins de Nancy « qui doivent juger sommairement et extraordinairement sans aucune longueur ou involution de procès ». Ainsi les tailleurs, les verriers, chapeliers, tisserands, pharmaciens, selliers et bahutiers, bourreliers, etc. de Nancy, les tisserands d'Amance et des environs (2). D'autres, comme les arquebusiers de Lunéville, les cordonniers de Nancy, jugent tous les délits commis par les syndiqués, toutes leurs difficultés et mésus, sauf s'ils sont « au détriment de la République », cas où ils seront jugés par les tribunaux ordinaires (3).

Dans l'ancien comté de Vaudémont, l'appel des jugements des huiliers, ouvriers en fer et merciers de Vézelise se porte aussi au bailliage (4). A Mirecourt, c'est le receveur du bailliage qui réforme en appel

---

(1) Lettres patentes des 28 décembre 1663, 9 décembre 1609, *Communes de la Meurthe*, II, 152, 489.

(2) Lettres patentes, 31 décembre 1594, 6 octobre 1601, 26 septembre 1602, 27 mars 1604, 1612, etc. *Communes de la Meurthe*, I, 620, II, 158, 168, 169, 171, 175, 176.

(3) Lettres patentes du 2 janvier 1554, 12 octobre 1554. *Communes de la Meurthe*, I, 630, II, 144.

(4) 1603, 1624. *Communes de la Meurthe*, II, 658, 663.

les sentences des ouvriers de cette ville (1). D'autres fois, l'appel se portera au conseil de ville, ainsi pour les rôtisseurs, charcutiers, cossons et revendeurs de Nancy (2), ou à la Chambre des comptes, comme pour les orfèvres de la capitale, les ouvriers en cuir du duché (3). Le maître des drapiers, de Nancy et son lieutenant connaissent de tous les abus, fautes et malversations qui se commettent « pour le fait de draperie, comme aussy de toutes les disputes et procès qui pourroient survenir entre lesdits maistres, compagnons et gens du métier, soit pour services, ouvrages, façons, debtes créées pour achapt d'estoffe ou de drap, rétention ou recelement de marchandises » jugeant de ces faits en dernier ressort, « il juge aussy des injures verbales et réelles » entre les drapiers, sommairement et selon l'équité, mais à charge d'appel au bailliage de Nancy, c'est-à-dire aux Maître échevin et Échevins (4). Presque toutes les villes et de nombreux villages possédèrent bientôt leurs corporations, érigées avec des pouvoirs différents, nous en voyons à Raon-l'Etape, Marsal, Blâmont, Lunéville, Vézelise, Pont-à-Mousson, Bar, Nomeny, Épinal, Remiremont, Saint-Dié, Mirecourt, Neufchâteau (5), etc. L'orga-

(1) Lettres patentes, 31 mars 1606. *Documents de l'histoire des Vosges*, t. 1, p. 47.

(2) Lettres patentes, 30 septembre 1610. *Communes de la Meurthe*, II, 174.

(3) 11 janvier 1605, 5 novembre 1621. *Communes de la Meurthe*, II, 173, 491 ; Rogéville, *Ordonnances*, I, 151.

(4) 29 mai 1595. Lepage, *Communes de la Meurthe*, II, 160.

(5) Voir *Communes de la Meurthe ; Statistique des Vosges et de la Meurthe* de Lepage ; *Documents de l'histoire des Vosges ; Inventaires sommaires des archives*, etc.

nisation est presque partout la même, ayant pour but d'assurer à l'acheteur une bonne marchandise, pour des prix raisonnables, par la surveillance jalouse des concurrents. Les amendes prononcées contre les contrevenants sont partagées avec le duc dans des proportions variables, quelquefois ce sont les hôpitaux qui en profitent (1), ou les chapelles sièges des confréries.

L'érection de toutes ces nouvelles maîtrises avait bien affaibli l'antique corporation des merciers qui subsistait toujours, tantôt à Nancy, tantôt à Saint-Nicolas au xvie siècle. Elle tient toujours à avoir le premier rang, et à garder sur ses sœurs cadettes une certaine supériorité. A maintes reprises, elle fait confirmer ses privilèges, par des ordonnances de 1377, 1399, 1564, 1571, 1572, 1613 et 1626 (2), où on reconnaît qu'elle seule a « la correction sur les abus et malversations qui se pourront commettre, tant par faux poids et balances que denrées et merceries », à l'exclusion de tous autres. Pendant l'invasion française, le bailliage de Nancy, qui avait tranché à deux reprises des différends entre commerçants, voit ses arrêts cassés par Louis XIV, en 1680 et 1691, et les privilèges des

---

(1) Ainsi celles prononcées par les boulangers de Raon-l'Étape. Lettres patentes du 23 mars 1596. *Trésor des chartes, lettres patentes*, B. 64, et *Documents de l'histoire des Vosges*, VIII, 193.

(2) Toutes ces lettres patentes sont rapportées dans un ouvrage intitulé : *Ordonnances, statuts, privilèges et règlements accordés par les ducs de Lorraine aux marchands, juges consuls dudit duché.* Les merciers font aussi rappeler leurs privilèges dans les chartes créant de nouvelles maîtrises, comme celle des merciers de Vézelise du 13 mars 1624. Lepage, *Communes de la Meurthe*, II, 663.

merciers sont à nouveau confirmés (1). Toutes ces
corporations subsistèrent jusqu'à la Révolution, et
dans le cours du xviiie siècle leur nombre s'augmenta encore, mais les ordonnances s'efforcent de
les rendre moins indépendantes et de soumettre
leurs décisions à la révision des tribunaux ordinaires.

A côté de ces juridictions de maîtrises, qui connurent de nombreuses affaires commerciales, Charles III
établit de véritables tribunaux consulaires dans les
foires importantes qui se tenaient sous son règne à
Saint-Nicolas et à Pont-à-Mousson. Tous les commerçants du duché étaient rattachés à des confréries,
jouissaient comme nous l'avons vu de l'exemption des
tribunaux ordinaires. Dans ces foires venaient des
marchands étrangers, non affiliés à des corporations,
et par conséquent justiciables des tribunaux ordinaires ; ils s'y soumettaient difficilement, excipant de
leur qualité d'étrangers pour plaider l'incompétence.
En vue d'éviter ces inconvénients, une ordonnance du
24 mars 1594 institua à Saint-Nicolas un tribunal,
composé de quatre notables commerçants qualifiés de
juges consuls, dont les jugements sont exécutoires
dans tout le duché. « Et comme, en toutes choses, la
justice est un ferme lien du commerce et de la société
d'entre les hommes, ainsy sera-t-il d'an en an estably
un conseil audict bourg composé de quatre bons et
notables marchands, l'un desquels présidera et en son
absence le plus ancien, et tous seront tenus pendant

---

(1) Ces arrêts de cassation sont rapportés dans *les Ordonnances,
statuts, privilèges et règlements accordés par les ducs de Lorraine aux
marchands, juges-consuls dudit duché*, p. 36 et 39 de la 1re édition.

le temps desdictes foires tenir par chacun jour l'audiance deux fois et sy besoin est pour l'importance du faict et de la matière appeler quant et eux quelques autres desdicts bourgeois plus apparans pour conseillers (1). » La compétence des juges et les cas où l'on peut appeler de leurs jugements sont indiqués dans l'article 10 : « Pardevant les dicts du Conseil se plaideront toutes matières qui se trouveront provenir du fait des dictes marchandises, charges ou debtes de marchand à marchand et pourront en juger deffinitivement et sans appel au-dessous de deux cents écus d'or sols (2). » Si la valeur du litige dépasse cette somme, il est loisible à celui qui a à se plaindre du jugement rendu de se porter appelant au Conseil du Prince, après avoir consigné, « sous la main de la justice », la chose à laquelle il a été condamné ou sa valeur, l'intimé ayant donné caution de rendre cette chose, au cas où le Conseil ducal lui donnerait tort. Cette juridiction des juges consuls de Saint-Nicolas fut confirmée à diverses reprises par des lettres patentes des 3 janvier 1604, 23 juillet 1612 et 2 juillet 1616 (3), qui décident en outre que leurs jugements et les cédules passées devant eux emporteront hypothèque.

A Pont-à-Mousson une juridiction semblable, dont les membres étaient renouvelés tous les six mois, avait été érigée par lettres patentes du 4 avril 1579

(1) Art. IX, XI, Ordonnance du 24 mars 1594, *op. cit.*, p. 17.

(2) Art. X, Ordonnance du 24 mars, *op. cit.*, p. 17 ; *Communes de la Meurthe*, II, 490.

(3) Rapportées dans l'*op. cit.*, p. 23, 25 et suiv. *Communes de la Meurthe*, II, 490.

émanant du duc Charles III établissant quatre foires en ce lieu (1).

Pour les foires, il existait encore un chef de maîtrises qui exerçait juridiction : c'était le maître des courtiers. Les courtiers en chevaux avaient été constitués en corporation par lettres patentes du 17 janvier 1593. Leur maître n'était point élu comme ailleurs ; il était institué en titre d'office, et était doué d'une compétence que souvent il voulait étendre, ce qui donna lieu à des plaintes, notamment aux Etats généraux de 1614. On y protesta « que les maîtres et officiers des hans tels que courtiers et leurs sergents prennent connaissance des actions de dettes, achats, vente de bétails quelconques, informent extraordinairement contre les sujets des hauts justiciers pour des faits devant appartenir à ceux-ci » ; on demande qu'ils ne puissent prendre connaissance « que des faits de baudissures de chevaux vendus ou échangés en foire ou si les débiteurs de chevaux à crédit se sont soumis par écrit à leur juridiction (2) ».

MINES. — Les ouvriers des nombreuses mines alors exploitées en Lorraine, principalement dans la région vosgienne, quoique n'étant pas organisés en corps de métiers, n'en échappaient pas moins en certains cas aux tribunaux ordinaires. Une justice spéciale avait été organisée pour ceux de La Croix et du Val de

---

(1) Lepage, *Juridiction consulaire,* note de la page 12.
(2) Lepage, *Offices du duché,* p. 313.

Saint-Dié, vers les xiiie ou xive siècles (1). Le justicier, officier chargé de la police des mines, assisté
de quatre jurés, composaient leur tribunal, qui jugeait
les contraventions aux règlements, les différends
entre ouvriers, hors les querelles, quelques-uns des
délits commis par eux, et toutes les affaires se ratta-
chant aux mines. Des ordonnances du 4 juillet 1486 et
15 juin 1508 (2) réorganisèrent cette juridiction qui
connaît des difficultés des nouveaux mineurs avec
leurs anciens seigneurs, « les faicts de mynières et les
choses qui en dépendent, soit en action réelle quant
au partage et divisement des portions et ouvertures
faicts ou à faire, aussy des portions que l'on y voul-
droit prétendre, comme pour choses mobiliaires,
debtes, promesses, contracts ou aultres circonstances
et dépendances du faict de mynière. » Toutes ces
affaires devaient être portées au tribunal des
mines seul compétent. L'officier requérait pour le
composer cinq ou six mineurs, par l'intermédiaire
d'un doyen, chargé aussi de mettre à exécution les
sentences. Il choisissait parmi ces mineurs un échevin,
comme vice-président, qui devait être homme « suffisant, prudent et discret ». Un haut fonctionnaire
connu sous le nom de « Général » avait la surveillance
de ces juges qui prononçaient « promptement et sans
involution de procédure, à charge d'appel au Conseil
ducal. Ces règlements furent confirmés en 1518 et

---

(1) La Croix-aux-Mines (arrondissement de Saint-Dié) ; Bonvalot,
Histoire des institutions, I, 292 ; Lepage, *Recherches sur l'industrie
en Lorraine* (Mémoires de l'Académie de Stanislas, 1851, p. 248).

(2) Lepage, *op. cit.*, 273 et suiv. ; Rogéville, vᵒ Mines, *Ordonnances*.

1520 par Antoine le Bon, et Charles III les modifia légèrement dans un édit du 16 mars 1571. Il exigea que le justicier fût un mineur habile en son métier, résidant aux mines, mais n'y ayant aucun intérêt. Le nombre des jurés mineurs fut fixé à huit, moitié allemands et moitié romains, avec un doyen sachant les deux langues. La compétence resta la même, sauf la connaissance des querelles entre mineurs qui fut enlevée à la justice ordinaire pour leur être attribuée (1).

Au val de Liepvre l'organisation est à peu près la même, mais la justice est rendue au nom du duc et de l'archiduc d'Autriche qui avaient des droits communs sur le pays. Aux mines d'azur de Vaudrevange, aux mines de cuivre de Bussang et du Thillot (2), les quatre jurés et l'officier justicier ont les mêmes fonctions qu'aux autres mines. Jusqu'à la fin de la période que nous étudions, rien n'y fut changé, si ce n'est que les appels, par ordonnances des 2 juin 1588 et 2 septembre 1596, furent dévolus à la Chambre des Comptes « dont il fut ordonné d'exécuter les sentences et jugements, comme s'ils venaient du Conseil même de Son Altesse (3). »

SALINES. — Les gouverneurs des salines étaient chargés de juger les contraventions aux ordonnances

---

(1) Rogéville, vᵒ Mines ; Lepage, *op. cit.* (Académie de Stanislas, p. 285).

(2) Ordonnance du 14 mars 1575 ; Lepage, *ibid.*, 298.

(3) Rogéville, *Dictionnaire des Ordonnances*, II, vᵒ Mines et Val de-Liepvre ; Bonvalot, *Histoire des institutions*, I, 292 ; Lepage, *Recherches sur l'industrie en Lorraine*, ch. IV.

sur le sel, lorsqu'elles avaient été commises dans les environs de leur résidence. Autrement c'étaient les prévôts qui en prenaient connaisssance. Les vols et divers délits commis par les ouvriers dans les usines à sel étaient encore de la compétence des gouverneurs. De leurs décisions on pouvait appeler au Conseil ducal, et plus tard, d'après une ordonnance du 27 juin 1622 (1), à la Chambre des Comptes.

GRUERIES. — Les belles forêts qui couvraient la Lorraine, et dont une partie appartenait aux ducs, durent de bonne heure être pourvues par eux, de fonctionnaires spéciaux pour les gérer. Des ordonnances de 1110, 1177, 1262, 1323 et 1340 (2) instituèrent, paraît-il, des gruyers pour remplir cet office. Ils devaient leur nom au costume vert qu'ils portaient (3). Il est probable que les localités où les forêts étaient importantes, reçurent seules des gruyers, et qu'ailleurs les prévôts remplirent leurs fonctions. Au milieu du xve siècle nous trouvons des gruyers à Nancy, Amance, Einville, Lunéville, Châtenois, Dompaire, Neufchâteau, Darney, Passavant, Regnévelle, Arches et Bruyères (4). Mais il y en avait sans

(1) Ordonnance rapportée par Rogéville, op. cit., II, 419 et suiv. Voir sur les salines Rogéville, ibid., II, 416, 418 ; Bonvalot, op. cit., I, 292 et la dissertation rapportée par Dom Calmet, Histoire de Lorraine, V, col. XXXI et suiv.

(2) Ces ordonnances ne nous sont pas connues. Rogéville, Dictionnaire des Ordonnances, v° Forêts ; Bonvalot, op. cit., I, 274.

(3) De l'allemand Grün : vert. Glossaire de Ducange, v° Gruarius.

(4) On peut l'inférer de l'ordonnance du 20 avril 1464, rapportée par Lepage. Offices du duché, p. 231 et s. Voir Bonvalot, Histoire, I, 268.

doute un plus grand nombre qui s'augmenta encore dans la suite. Ces fonctionnaires étaient nommés par le duc qui les choisissait généralement parmi les personnes qu'il voulait récompenser. Les offices de Lunéville et d'Einville étaient mis à ferme. En rémunération de leurs services il leur était alloué des *francs vingts* sur la vente des coupes jusqu'à ce qu'une ordonnance du 28 août 1609 vint leur défendre d'en percevoir et leur accorda un traitement fixe (1).

Les gruyers étaient à la fois, administrateurs, comptables et officiers judiciaires. A ce dernier point de vue ils avaient « judicature et poursuite », connaissaient des affaires contentieuses relatives aux forêts des communautés où le souverain était haut justicier, poursuivaient la répression· des délits commis dans les forêts domaniales. On ne sait de quelle façon ils jugeaient ces affaires, peut-être furent-ils assistés par des échevins, comme le suppose M. Guyot (2) ; mais les documents ne permettent pas de le décider avec certitude.

Les délits dont ils connaissent ne sont pas uniquement d'ordre forestier, pâturage ou coupe de bois.

Comme tous les juges de l'époque, dont la compétence n'est pas strictement délimitée, ils s'efforcent d'attirer à eux, sous prétexte de leur juridiction sur les eaux et forêts, la connaissance de tous les délits de droit commun qui se commettent en ces

---

(1) Rogéville, *Dictionnaire des Ordonnances*, I, 528.

(2) Guyot. *Forêts lorraines*.

lieux et de toutes les atteintes portées à la propriété constatées par les agents placés sous leurs ordres (1).

Le duc Jean, par un édit du 20 avril 1464, institua au-dessus des gruyers locaux, pour les surveiller, un haut dignitaire qu'il qualifia de gruyer général maître des eaux et forêts, mais qui fut plutôt connu sous le nom de grand gruyer. Il visite les forêts, établit des gardes, reçoit leurs serments et tient des assises judiciaires dont les sessions, d'après l'ordonnance de 1464, doivent être ouvertes deux fois par an pour le bailliage de Nancy, « l'une audict Nancy et l'aultre à Amance ; et deux foys au bailliage de Vosges, l'une à Dompaire et l'aultre à Chastenoy. » Le nombre de ces sessions fut augmenté dans la suite, et le grand gruyer dut siéger six fois l'an à Nancy ou Amance ; tous les mois à Dompaire, Bar ou Pont-à-Mousson (2). Il rendait la justice à ces assises avec l'assistance des gruyers des environs, du prévôt, quelquefois du maître échevin de Nancy. Peut-être des échevins choisis parmi les paysans étaient-ils appelés à former un jury, comme on le voit dans des documents rapportés par M. Guyot (3). Mais la rareté de ces documents pourrait faire supposer que ceux que nous possédons nous révèlent une exception et non une règle générale. A ces assises nous voyons encore les procureurs généraux et leurs substituts

---

(1) Ceux-ci sont connus sous les noms de fourtiers, fortiers ou forestiers.

(2) Lepage, *Offices du duché*, p. 231 ; Rogéville, *Dictionnaire des Ordonnances*, I, 525.

(3) Guyot, *Les forêts lorraines* ; Rogéville, *loc. cit.*

faisant fonctions de ministère public, des clercs jurés ou greffiers, et un garde forestier chargé des fonctions de sergent ou d'huissier. Les avocats et les procureurs ne pouvaient y paraître parce que, nous apprend une ordonnance de septembre 1615 (1), les affaires devaient être jugées sommairement, et que si on leur avait permis d'y intervenir, ils les auraient embrouillées.

A ces assises du grand gruyer tous les agents forestiers de la région venaient faire leur rapport et dénoncer les « méfaisants ». Les délits n'y étaient jugés que lorsqu'ils étaient trop récents pour que les gruyers particuliers en aient déjà eu connaissance, ou si d'autres causes les avaient empêchés d'en connaître. On y tranchait des questions d'abornements des forêts domaniales ; on y vérifiait les ascensements et les droits d'usage prétendus par des partiliers ou des communautés dans les forêts. En outre, tous les appels « pour cause de chaptels, de bois, de prestz, de rivières, eaues et autres choses », doivent venir en dernier ressort à ces assises, « réservé toutes foys que se, aux assises de Dompaire et de Chastenoy s'entregettoient aulcuns appelz dont accord ne peut être faict aux dictes assises », ils sont « terminés et finis » à celles de Nancy (2).

Les peines prononcées par les gruyers locaux ou par les asssises du grand gruyer étaient toujours des amendes, au profit du duc qui les partageait avec les

---

(1) Rapportée par Rogéville, *Dictionnaire des Ordonnances*, I, 528, 529.

(2) Lepage, *Offices*, p. 233.

juges, et en certains cas avec les communautés. Elles furent réglées par diverses ordonnances : 16 novembre 1340, 27 janvier 1390, 3 février 1443, 4 mars 1506, 4 et 16 décembre 1519, 1529, 27 novembre 1540 et 1541, 3 mars 1616, 2 janvier 1623 et 17 décembre 1628. On les trouvera analysées cu rapportées dans le Dictionnaire des Ordonnances de Rogéville.

Le grand gruyer était nommé par le duc, qui donnait généralement cette charge en récompense de services rendus (1). Au début, ils touchaient, outre des frais de déplacement, un traitement annuel de cent francs qui fut porté ensuite à trois cent cinquante francs (2). Ils étaient assistées d'un lieutenant général, nommé par le duc, et se choisissaient des « commis » aux villes de Raon-l'Étape et de Saint-Dié, pour y remplir des fonctions analogues à celles des gruyers ordinaires.

Dans le Barrois, avant qu'il fût réuni à la Lorraine, les prévôts faisaient en certains cas fonctions de gruyers. Il y avait aussi un « gruier des bois et des eaux de la contey de Bar », dont l'office fut supprimé en 1372 et dont les attributions furent réparties entre les prévôts.

Cette grande gruerie fut rétablie en 1550 et on y rattacha des lieutenants (3). D'autres grueries existaient encore, ducales comme à Hattonchâtel

---

(1) En 1481, René II récompense ainsi son maître-d'hôtel. *Documents de l'histoire des Vosges*, VII, 78.

(2) Lepage, *Offices du duché*, p. 231 ; Rogéville, *op. cit.*, v° Forêts.

(3) Lepage, *op. cit.*, p. 238 et suiv. Voir aussi sur les Grueries. Lescure, *Dissertation historique*, p. 52 et suiv.

(1546), ou seigneuriales comme à Blàmont, et dans d'autres seigneuries importantes.

o

Roi des Ribauds. — Parmi les justices extraordinaires, l'on peut ranger la juridiction singulière du maître ou Roi des Ribauds. L'institution de ces officiers paraît remonter très loin et l'on en voit dès le xvᵉ siècle. Ils étaient chargés de la police des mauvais lieux et de la surveillance des vierges folles. Ils n'exerçaient pas, parait-il, leurs fonctions à la satisfaction générale, car l'on trouve une requête présentée le 3 janvier 1613, à la Chambre des Comptes, où l'on demande leur suppression. Cette requête nous donne quelques indications sur leurs attributions judiciaires : ils poursuivaient « quelques personnes convaincues de paillardises », les jugeaient et les condamnaient à des amendes arbitraires à leur profit.

Avant le xviiᵉ siècle, ils avaient, à l'exclusion de tous autres juges, connaissance de ces délits. Mais, à la suite de la requête dont nous avons parlé, à laquelle s'associa la Chambre des Comptes, on attribua aux tribunaux ordinaires la juridiction qu'exerçait le Roi des Ribauds : considérant qu'ils jugeaient de façon par trop arbitraire, condamnant à des amendes excessives ceux qui pouvaient payer, laissant impunis les insolvables, ce qui donnait lieu à « scandale, diffame et tumulte ». Outre le produit des amendes, le Roi des Ribauds percevait, comme l'exécuteur des hautes œuvres, un droit de neuf gros à chaque mariage, et était exempté comme le maître châtreur du paiement du droit de bourgeoisie (1).

ARBITRAGE.— Dans notre ancienne Lorraine, l'arbitrage jouait un grand rôle. Les tribunaux étaient fort nombreux et leur compétence n'était pas rigoureusement délimitée. D'où embarras pour les justiciables qui s'adressent à des gens intègres sans mandats, à des seigneurs, ou à des juges qui les mettront d'accord sans les formalités et les lenteurs ordinaires ; quelquefois même, le maire est désigné comme l'arbitre obligé. On distinguait deux sortes d'arbitres : les arbitres proprement dits et les *arbitrateurs ou amiables compositeurs*. Les premiers, jugeant « par la rigueur du droict », et les seconds par l'équité. En terminant cette matière, sur laquelle s'étend longuement Bourgeois, au chapitre XVII de sa praticque judiciaire, signalons le tribunal d'arbitrage qu'institua à Mirecourt Pierre Fourier, et la coutume, que Rogéville admire fort, ordonnant aux parties de s'adresser au bailli pour essayer de se concilier.

TRIBUNAUX INTERNATIONAUX. — Nous n'entreprendrons pas, après M. Bonvalot, l'étude des tribunaux internationaux ou interseigneuriaux, connus sous le

(1) Lepage, *Offices*, p. 314 ; Bonvalot, *Le Tiers État et la charte de Beaumont*, p. 417. Cette curieuse fonction de roy des ribauds existait dans d'autres pays, notamment en Touraine, à Luxembourg. A Lille où on l'appelait « roy de l'amoureuse vie », il avait des attributions analogues à celles que nous avons signalées. Voir *Intermédiaire des chercheurs et curieux*, n° du 10 août 1865, col. 460 et suiv.

nom de tribunaux d'estaulx, de marche et d'entre-cours, qui furent des espèces de cours arbitrales et fonctionnèrent pour la Lorraine : près de Vic, aux Quatre-Vaux entre Toul et Vaucouleurs, à Gondreville, etc (1).

JUSTICE ECCLÉSIASTIQUE. — Quant aux juridictions ecclésiastiques, dont nous ne dirons que quelques mots, elles appartenaient aux évêques et aux abbayes qui, comme celles de Saint-Dié, Étival, Moyenmoutier et Senones, dépendaient directement du Pape. Voici ce que nous dit Guinet à ce sujet (2) : « Quant aux laïques, ès cas qui dépendent de la juridiction ecclésiastique, ils reconnoissent cette juridiction, et la subissent par devant les officiaux, lesquels, si ils entreprennent quelque chose au delà de ce qui leur appartient, ils trouvoient aussitôt grande opposition et les juges du duc y mettoient la main ; et, afin d'éviter ce conflict, autant que l'on peut, le duc, après une conférence avec les officiers de l'Évêque de Toul, en fit un règlement le 6 mars 1629 qui a toujours été suivi par les officiaux des autres évêques ; et encore que les clercs en actions personnelles soient juridiciables pardevant leurs juges d'Église, néanmoins, ils se mettent si avant dans le commerce des hommes, que l'on est contraint, pour en avoir justice,

---

(1) Voir Bonvalot, *Histoire*, I, p. 290 et s. ; Lepage, *Communes de la Meurthe*, v° Gondreville.

(2) *Jurisprudence de Lorraine* dans Dom Calmet, *Histoire de Lorraine*, III, col. ccxxv.

de la demander souvent aux juges séculiers pour les choses temporelles ; et l'on en usoit ainsi en 1630. »

Les matières bénéficiales étaient jugées par le conseil ducal ou le parlement de Saint-Mihiel au possessoire, et par des commissaires du Pape au pétitoire, « sur les lieux, sans distraire les sujets du duc hors de ses états.... et ce pétitoire étoit rarement suivi jusques à la fin. On sçait que les procédures ecclésiastiques sont fort longues ; avant que l'on ait obtenu trois sentences contre une, il faut bien tirer ; et souvent avant la fin, l'argent, la vie ou l'opiniâtreté manquent (1). »

(1) Guinet, *Ibid.*, col. ccxxvi.

Chapitre VI

~~~~~~~~~~~~

Les Bailliages de Nancy, Vosges et Allemagne

~~~~~~~~~~~~

Au-dessus des prévôtés, il existe une circonscription territoriale qui en comprend plusieurs : c'est le
bailliage. A sa tête est placé un officier remplissant
des fonctions importantes et multiples, qui prend le
nom de bailli. A l'origine, il est probable que cette
division territoriale se confondait avec le duché, ce
qu'on peut inférer du titre de *bailli de la Duché*, donné
jusqu'à la fin du xvᵉ siècle à celui de la capitale (1). On ne peut établir d'une manière certaine
quel fut le duc qui les institua. Rogéville et de nombreux auteurs à sa suite en attribuent l'honneur à
Simon II, d'autres à Ferry de Bitche, à Thiébaut II
ou à Mathieu II, souverains qui régnèrent dans la

(1) Lepage, *Offices du duché*, 86 ; Dumont, *Justice criminelle,* I, 50,
paraît aussi de cet avis.

période comprise entre 1176 et 1251 (1). On peut
éliminer les deux derniers souverains et présumer,
d'après divers documents, que les baillis existèrent
dès 1212 (2). En 1232, la chose est certaine, car
l'édit de création des notaires en parle et enjoint aux
tabellions de prêter serment en leurs mains (3). En
1206, dans la partie connue sous la dénomination de
Lorraine allemande, et plus tard sous celle de bailliage d'Allemagne, nous trouvons établi, à Vaudrevange (4), un justicier qui paraît avoir eu toutes les
attributions d'un bailli, dont il prit seulement le
titre vers le milieu du xive siècle (5). Le bailliage de
Vosges, lui, n'est mentionné que vers 1357. Mais on
peut supposer que, bien avant cette époque, la contrée
lorraine était déjà partagée en ses trois grands bailliages.

Celui de Nancy comprenait à peu près la plus
grande partie de l'ancien département de la Meurthe,
moins, à l'ouest, les mairies du Barrois, et au nord-
est des localités de langue allemande. Celui de
Vosges, qui avait pour chef-lieu Mirecourt, avait dans

---

(1) Rogéville, *Ordonnances*, v° Bailli ; Thomas, *Juridiction des Gradués*, 19 ; Leseure, *Dissertation historique sur les progrès de la législation en Lorraine*, p. 29 ; Beaupré, *Essai sur la rédaction des coutumes*, p. 15.

(2) Bonvalot, *Histoire des institutions de la Lorraine*, 263 ; Le Thierriat, *Documents de l'histoire de Lorraine*, 1868, 2° p., 55.

(3) Édit de Mathieu II du 27 juin 1232, rapporté par Rogéville, *Ordonnances*, II, 165, et Noël, *Origine du notariat*, p. 102. En France l'institution des baillis remonte vers 1190.

(4) Aujourd'hui Walderfingen dans la Prusse Rhénane. Ce village cédé à la France fut détruit presque entièrement par Louis XIV, lorsqu'il érigea Sarrelouis.

(5) Lepage, *Offices du duché*, p. 96 et suiv.

son ressort le département des Vosges, moins les
cantons de Saint-Dié, Raon-l'Étape et Provenchères,
qui étaient de Nancy. Enfin le bailliage d'Allemagne,
chef-lieu Vaudrevange, renfermait les mairies où l'on
parlait l'allemand, c'est-à-dire, toujours approximati-
vement, l'arrondissement de Thionville, une bande à
l'est de celui de Metz, et le nord-est de l'arrondissement de Château-Salins, avec des localités annexées
en 1815 à la Prusse rhénane.

A ces trois bailliages, qui partagèrent le duché de
Lorraine, vinrent s'en adjoindre d'autres par annexion.
Au xive siècle, ceux d'Épinal, de Vaudémont, de
Châtel-sur-Moselle, au xve ceux du Barrois, au xvie
ceux d'Apremont et d'Hattonchâtel. Mais les bailliages originaires conservèrent toujours une physio-
nomie à part, des institutions particulières, qui font
que leur étude doit être séparée de celle des
nouveaux.

Dans ces trois circonscriptions, le bailli est un
magistrat important; c'est celui à qui le duc a *baillé*
ses droits à garder ; il le représente, et par ce fait a
des attributions multiples, dans l'ordre judiciaire,
administratif et militaire. Car, comme dans toutes les
organisations primitives, on ne connaît pas la théorie
moderne de la séparation des pouvoirs et des autorités.
Commandant de la force publique, juge, intendant,
etc., il remplit à lui seul des fonctions dévolues
aujourd'hui à nos généraux, premiers présidents, pré-
fets, trésoriers payeurs, etc. De grands honneurs lui
sont dus ; il a droit au titre de Monseigneur, et dans
l'ordre des préséances, il passe immédiatement après

le maréchal et les sénéchaux (1), comme cela nous est montré par la formule finale des ordonnances : « Mandons à tous nos maréchaux, sénéchaux, baillis, etc. » Aussi sont-ils toujours pris, dans les grandes familles lorraines, parmi les membres de la vieille Chevalerie, que nous verrons, dans le chapitre suivant, siéger aux Assises. Le Thierriat nous dit, en effet, que le fils d'une femme de l'ancienne Chevalerie pourra entrer aux Assises, « voire même pourra estre baillif (2) ». Cela nous est prouvé encore par la liste de ces fonctionnaires, où l'on ne remarque que de grands noms comme Lenoncourt, Haraucourt, du Châtelet, Haussonville, Ligniville, etc. (3).

Parmi les fonctions administratives et militaires exercées par les baillis, citons : Convocation du ban et de l'arrière-ban, commandement de ces contingents levés par eux, surveillance des places fortes, publication et exécution des ordonnances ducales dans leur ressort, imposition des aides, mission de lever certains impôts et de faire exécuter les corvées, police, réception des reprises des vassaux, du serment des ducs à leur entrée à Nancy, etc., etc. (4). Leurs attributions judiciaires sont aussi fort importantes. Ils président, comme nous le verrons, les Assises de la Chevalerie, sans pouvoir toutefois prendre part à ses décisions, si ce n'est au bailliage

---

(1) Digot, *Histoire de Lorraine*, t. II, 68 et 361 ; Lepage, *Offices*, 75.

(2) Fabert, *Remarques sur la coutume de Lorraine*, titre Iᵉʳ, § 5.

(3) Lepage, *Offices du duché*, p. 89 et s. ; Dumont, *Justice criminelle*, I, p. 15.

(4) Ce sont à peu près les attributions des grands baillis français.

d'Allemagne, et en cas d'appel des justices inférieures
à Nancy. Ils président également des tribunaux bailliagers. Mais là non plus ils ne prennent pas part au
prononcé du jugement, laissé entièrement aux échevins ou autres juges. Ils ont une juridiction spéciale
et personnelle. En cas d'urgence, ils rendent des
sentences provisoires, ressemblant beaucoup aux
ordonnances de reféré de nos présidents. Ces ordonnances sont connues sous le nom de commissions ou
de lettres de bailli (1). Ils font les actes préparatoires
de la justice, décernent des commissions d'assignation
et poursuivent l'exécution des jugements des tribunaux de bailliage, qui sont rendus exécutoires en leur
nom ainsi que ceux d'autres justices inférieures (2). A
une époque, ils sont juges au criminel des nobles habitant leur ressort, « combien que ceux-ci demeurent
sous un hault justicier (3) ». Ce sont des arbitres tout
désignés pour ceux qui ne veulent point, pour une
raison ou une autre, s'adresser aux juridictions établies,
et nous les voyons remplir ce rôle, car ils offrent
pleine sécurité aux parties pour faire respecter leurs
arbitrages (4). Ils sont aussi appelés par les ducs à
siéger dans leurs conseils ; ils surveillent les prévôts.
La nomination de nombreux officiers judiciaires leur
appartient ; c'est entre leurs mains que presque tous

---

(1) Leclerc, *Nicolas Remy*, note 10.

(2) Noël, *Recherches sur l'origine du notariat en Lorraine*, p. 111 ;
Leclerc, *loc. cit.*

(3) Fabert, *Remarques sur la coutume de Lorraine*, titre Iᵉʳ, § 9.

(4) Voir, entre autres arbitrages, celui du bailli d'Allemagne en 1524,
entre les habitants d'Angwiller et les dames de Vergaville ; Lepage,
Communes de la Meurthe, I, 83.

ceux-ci prètent serment, et c'est eux qui les destitueront s'ils deviennent prévaricateurs (1).

En récompense de leurs services, les baillis jouissent de certains droits. Par exemple, ceux de Nancy et de Mirecourt peuvent prendre à Rosières le sel qui leur est nécessaire, après que la maison de Son Altesse a fait son prélèvement (2). Avant 1544, il leur était alloué annuellement cent francs et cent reseaux d'avoine; à cette date on quadrupla la somme, tout en continuant à leur délivrer l'avoine (3). De plus les villes où ils résident ont pris l'habitude de reconnaître leurs services par de petits cadeaux, destinés à entretenir les bonnes relations. Pour leur bienvenue, leurs étrennes ou en remerciement de leurs faveurs, elles « présentent » au bailli, tantôt une somme d'argent qui varie entre 200 et 800 francs, enfermée dans une jolie bourse, tantôt une queue ou un muids de vin de Bourgogne ou clairet, ou d'autres présents. en nature ; souvent même, la libéralité municipale s'étend à leurs femmes ou à leurs veuves (4).

Mais ces hauts personnages résident rarement, et ils nous apparaissent, dans les documents, plus

---

(1) Rogéville, *Dictionnaire des. Ordonnances*, I, 61. Voir sur les baillis lorrains, Thilloy, *Institutions judiciaires de la Lorraine allemande*, p. 18 et s.; Bonvalot, *Histoire*, I, 263, 287 et suiv. ; Dumont, *Justice criminelle*, I, 14 et s., 49; Beaupré, *Essai sur la rédaction des coutumes* ; Lepage, *Offices du duché*, etc.

(2) Lepage, *Statistique de la Meurthe,* II, 492 ; *Coupures de Bournon*, édition Cayon, p. 22.

(3) Lepage, *Sur la Noblesse et le nombre des échevins de Nancy,* p. 14.

(4) Comptes des Mayeurs de Mirecourt de 1588 à 1632, *Archives de Mirecourt*, CC, 8 à CC, 25.

occupés à guerroyer aux côtés du duc, qu'à rendre
la justice en son nom. Ceux de Vosges et d'Allemagne étaient plus souvent en temps de paix à la
Cour, qu'en leurs sièges bailliagers. D'ailleurs,
certaines de leurs fonctions les y appelaient. Le prince
s'en servait aussi comme d'ambassadeurs, ou les
chargeait de missions lointaines. Leurs attributions
sont trop vastes, et en bons gentilshommes ils
préféraient remplir leurs devoirs militaires, au détriment de la justice. Pour tout cela, de très bonne
heure, mais à une époque que l'on ne saurait préciser,
ils durent se décharger d'une partie de leur besogne,
sur des lieutenants chargés de les suppléer pendant
leurs absences fréquentes, et de les remplacer dans
l'administration de la justice, qui, avec le progrès du
droit, devenait plus compliquée. Au début, il est
probable que ce furent les baillis qui choisirent eux-
mêmes ces substituts, mais le prince bientôt s'en
réserva la nomination. A chaque chef-lieu de bailliage,
il y eut de ces lieutenants qui exerçaient la plupart
des fonctions dévolues à ceux qu'ils représentaient,
sauf des exceptions, par exemple quant à la présidence des Assises ; de même ils ne peuvent que
suspendre les sergents prévaricateurs, tandis que
les baillis peuvent les destituer (1). Ces officiers
choisis dans la petite noblesse ou la bourgeoisie,
gens savants, versés dans le droit, exercèrent bientôt
les fonctions judiciaires des baillis, que ceux-ci peu
à peu abandonnèrent. Ils furent, en fait, les hauts

(1) Rogéville, *Dictionnaire des Ordonnances*, I, 61.

magistrats du bailliage, et l'ordonnance du 31 août 1698 réorganisant ces ressorts, les mentionne seuls (1). A côté de ces lieutenants qualifiés de principaux, il en exista d'autres, tout au moins vers le XVIe siècle, dans les principales villes du duché : ainsi à Lunéville, Saint-Dié, Raon-l'Étape, Neufchâteau, Dieuze. Ils y présidaient les tribunaux d'échevins, qui décidaient les mêmes causes que les sièges bailliagers (2). On ne peut voir la raison de leur institution que dans le désir de diminuer le déplacement coûteux des plaideurs, et aussi dans l'espoir de ruiner des juridictions locales qui ne rendaient pas la justice au nom du prince.

Il nous faut parler maintenant des tribunaux qui assistaient les baillis, à Nancy, Mirecourt et Vaudrevange. Tout d'abord, dans chacune de ces villes, l'ancienne Chevalerie se rassemble pour juger en premier ressort ou en appel certaines causes, mais ces tribunaux sont presque toujours indépendants du bailli. Ce ne sont point, à proprement parler, des tribunaux bailliagers, mais des cours supérieures, qui seront étudiées dans un chapitre à part. Ceux qui pourraient mériter le nom de justices bailliagères sont diversement organisés, selon les lieux ou ils siègent. Il les faut examiner tour à tour.

(1) Lepage, *Offices du duché*, p. 136 et suiv.

(2) Lepage, *op. cit.*, p. 137 ; *Principales coustumes de Lorraine*, édition Bonvalot, p. 30 et 82 ; Lepage, *Statistique de la Meurthe*, v° Dieuze. Dans cette localité le lieutenant fut remplacé par un bailli en titre, après l'annexion à la France en 1685. A Raon-l'Étape l'existence du lieutenant de bailli est rappelée par la rue du Bailli, nommée ainsi d'une tradition ancienne.

A Nancy, ce rôle est rempli par les maître échevin et échevins du lieu, tribunal connu souvent sous le nom de Change, parce qu'il siégeait dans une maison, place des Dames, démolie il y a une trentaine d'années, contiguë à la cure de Saint-Epvre et où autrefois avait habité un changeur (1). Ce nom resta à la juridiction lorsque, par ordonnance de 1608, elle fut transférée dans le nouvel hôtel de ville de la place Mengin. Le bailli en avait la présidence, présidence honorifique plutôt qu'effective, cette dernière étant réservée au maître échevin ; des échevins l'assistaient. Il y avait aussi un clerc juré ou greffier, et le procureur général de Lorraine, sans être attaché au tribunal, y concluait. Les échevins n'assistaient pas seulement le bailli, ils étaient encore les juges de l'importante prévôté de Nancy.

L'on ne s'entend pas sur le nombre des échevins, Rogéville parle de six, Lionnois de dix, d'autres de sept, M. Leclerc de deux (2). La vérité est que ce nombre varia avec les époques. Le chiffre légal semble avoir été de cinq (3); mais, pour des raisons d'économie peut-être, rarement il fut au complet, et on compte de deux à quatre membres outre le maître échevin, jusqu'au XVIIᵉ siècle; au XVIᵉ siècle, ils ne sont que deux, comme nous l'apprend Nicolas Remy dans

---

(1) Lionnois, *Histoire de Nancy*, I, 311 ; Rogéville, *Dictionnaire des Ordonnances*, I. 62 ; De Mahuet, *Commentaire manuscrit sur les coutumes* (Bibliothèque de Nancy), p. 5.

(2) Rogéville, *Dictionnaire des Ordonnances*, I, 61. Leclerc *Nicolas Remy* ; Lionnois, *op. cit.* I, 313.

(3) Lepage, *Sur la noblesse et le nombre des échevins de Nancy*, p. 11.

sa Démonolatrie, en nommant ce tribunal « duumviro-
rum Nanceianorum collegium ». En 1608, ils furent
six.

L'origine du Change est aussi fort obscure; on ne
sait quand il commença à fonctionner et si au début
ses membres furent les échevins qui géraient les
affaires de la ville et administraient la justice aux
Nancéïens. Si on le démontrait, on pourrait encore
se demander s'ils furent jamais nommés par les
bourgeois. Cela se rattache à la question si obscure,
de savoir si la loi de Beaumont fut accordée avec tous
ses avantages à la capitale lorraine. L'on a dit que
cette juridiction ne fut jamais municipale, et que les
échevins furent primitivement des gens versés dans
la connaissance des lois, que les baillis s'adjoignirent
pour se conseiller, ou que les ducs mirent à leur côté
pour éclairer leur justice. Ils auraient joué dès l'abord
un rôle tout à fait secondaire et ne purent rendre
leurs jugements sans le consentement des baillis (1).
Mais ils s'affranchirent peu à peu de cette subordina-
tion. Les ducs les y aidèrent, voyant le dévouement
qu'ils pouvaient espérer de juges choisis dans la plèbe
et qui tenaient tout d'eux, à chaque siècle, leurs attributions s'augmentèrent, et on les prit parmi « les
gradués, personnes excellentes et bien choisies et
instruictes en matières civiles et criminelles (2) », ce
qui nous est attesté par la liste des membres qui a pu

---

(1) Lepage, *Offices du duché*, p. 172. Voir pour la loi de Beaumont
à Nancy : Pfister, *Histoire de Nancy*, I, ch. IV.

(2) Guinet, *Dissertation sur la jurisprudence* (Dom Calmet, *Histoire
de Lorraine*).

être reconstituée. Nous voyons le duc investir de la charge d'échevin des gens dont la capacité nous est montrée par les fonctions exercées auparavant. Ce sont d'anciens prévôts, des licenciés ès lois, qui presque tous arrivent dans la suite aux hautes fonctions de conseiller d'Etat, secrétaire du duc, procureur général, maître des requêtes, etc. Vers le XVI⁰ siècle, ils portaient la robe longue et le bonnet carré. Ils ne touchaient à l'origine aucun traitement fixe; suivant la coutume du temps, ils prélevaient probablement une part sur les amendes prononcées, touchaient une somme par jugement, par incidents soulevés; de même on les devait payer des avis qu'ils donnaient aux justices inférieures. En 1518, le duc Antoine leur alloua un traitement annuel de vingt francs, porté en 1544 à deux cents francs pour le maître échevin, à cinquante pour les échevins et plus tard à trois cent francs. Le clerc juré, vêtu de la robe courte et du bonnet carré, perçut en dernier lieu, outre les droits de greffe, une allocation de vingt-cinq francs.

Nous avons dit que le procureur général de Lorraine concluait devant le tribunal. Ce magistrat apparaît dans notre pays vers le XIV⁰ siècle. Ce n'est d'abord qu'un simple mandataire du prince, chargé de défendre les intérêts de son maître et de le représenter en justice lorsqu'il en est besoin. Tout naturellement, lorsqu'il fut nommé à vie et non plus pour chaque affaire, ce mandataire fut amené à surveiller les poursuites des crimes et délits dans les justices ducales, car les confiscations et amendes auxquelles

elles pouvaient aboutir étaient prononcées au profit du souverain. Peu à peu la notion de l'ordre public se dégagea, et l'on trouva en eux des dénonciateurs tout prêts pour poursuivre d'office (1). Il semble que la Lorraine eut avant la France des procureurs généraux. En 1382, un sieur Thirias Mélian porte ce titre (2), et l'ordonnance sur le notariat de 1232 parle de ces fonctionnaires ; ce sont eux qui, conjointement avec les baillis, doivent faire déposer les minutes d'un notaire décédé « ès archives par ce destinées (3) ». Ce sont de véritables ministres de la justice, et le duc s'adresse à eux lorsqu'il en a besoin pour remplir des missions délicates (4).

Leurs fonctions, à la fois administratives et judiciaires, furent réglées le 4 décembre 1532 aux États généraux d'après Rogéville, ou en Conseil ducal d'après Lepage (5). Il doit entendre soigneusement et diligemment toutes causes et affaires du duc, et garder et défendre son droit partout, et ne pourra être l'avocat, en conseillant ou en plaidant, des personnes qui auront procès contre le souverain ou ses

(1) Esmein, *Procédure criminelle en France*, p. 100 ; Dumont, *Justice criminelle*, I, 25 et suiv.

(2) Lepage, *Offices du duché*, p. 128.

(3) Noël, *Origine du notariat en Lorraine*, p. 106 ; Rogéville, *Dictionnaire des Ordonnances*, II, 166 ; Bonvalot, *Histoire du droit lorrain*, I, 259.

(4) En 1543, Antoine donne la seigneurie de Lubine à Dominique Champenois, docteur ès-droit, procureur général, en raison de ses services comme ambassadeur auprès de l'Empereur (probablement pour la négociation du traité de Nuremberg), *Documents de l'histoire des Vosges*, VIII, p. 123.

(5) Cette ordonnance est rapportée par Rogéville, *op. cit.*, II, 224 et Lepage, *op. cit.*, p. 118.

officiers. Mais il devra assister et conseiller ces derniers « en affaire du domaine. » De même les pauvres veuves et orphelins, qu'il doit soutenir de tout son pouvoir. Il se trouvera aux Assises de Nancy, « s'il n'est hors de la ville ou en voyage pour les affaires ducales », pour y entendre et connaître des matières « estantes » contre ou pour son maître. Pareillement aux journées du Change, « c'est-à-dire du bailliage de Nancy ; et quand il ne s'y pourra trouver, y avoir un commis pour entendre aux amendes qui se commettent pour la part de nostre dict seigneur ; et icelles faire enregistrer pour estre taxées en la Chambre des Comptes, et après estre levées et reçues par le receveur général de Lorraine, présent et advenir, ou son commis », faire taxer les amendes arbitraires à ladite Chambre. Il ne pourra entreprendre aucun procès, ou y défendre, sans prendre conseil auprès du bailli de Nancy et du président de la Chambre des Comptes. « Pour délibérer les informations qui lui seront commises de par nostre dict seigneur », il y appellera quatre ou cinq conseillers, « et de leur advis en fera bon et loial rapport. » Il ne devra pas se mêler des affaires de gruerie, ni d'autres choses concernant le domaine, qui sont du ressort de la Chambre des Comptes, si ce n'est pour requérir contre les mésusants, « pour les amendes de rapports qui s'en feront. » Il devra visiter les prisons de Nancy et inventorier en présence des receveurs et contrôleurs généraux les biens des prisonniers, « pour, en après, en faire profict pour nostre dict seigneur, sans souffrir que le prévost ni ses sergens

s'en nantissent pour leurs salaires et en ayent quelque
cognoissance. » Lorsque les prisonniers sont relaxés,
le procureur général doit assister à la levée d'écrou.
Pour les « affaires limitrophes et des frontières, ou
autrement du dehors, il sera tenu d'y aller par ordonnance de nostre dict souverain seigneur, ou desdicts
présidents et gens des Comptes, y vacquer et besongner
ainsy comme à l'exigence du cas il appartiendra, et
toute sa besongne rapporter fidèle rapport. » Leur
mission de défendre les droits du souverain leur assi-
gnait un rôle politique important, et ils soutinrent
notamment ces droits contre la puissante Chevalerie.
D'après les coutumes, ils pourvoient de tuteurs les
anoblis mineurs et les roturiers dans les hautes justices ducales. Un moment même, ils voulurent
s'arroger ce droit dans les hautes justices seigneuriales, mais cela leur fut défendu par les Etats généraux de 1578. C'est en leur présence que les tuteurs
doivent faire inventaire des biens de leurs pupilles.
Ce sont eux qui émancipent les mineurs, qui autori-
sent les père et mère des mineurs gentilshommes ou
anoblis à vendre ou engager, les biens échus à leurs
enfants (1). Au criminel, les procédures instruites
dans le bailliage d'Allemagne, jusqu'à la fin du
XVIᵉ siècle et jusqu'au bout dans le bailliage de Nancy,
l'étaient à sa requête. Les informations terminées lui
étaient communiquées. Il y donnait ses conclusions
ou prescrivait information complémentaire, puis

---

(1) Lepage, *Offices du duché*, p. 125 ; Fabert, *op. cit.*, 86, 87, 94, 95,
96, 345 ; Rogéville, *op. cit.*, II, 229. Ces pouvoirs furent restreints en
1633.

transmettait aux échevins pour avoir leur avis ; nous avons vu que cette communication au procureur général fut supprimée au xvie siècle, pour accélérer la procédure.

De même que les baillis eurent des lieutenants à Nancy et dans les principales villes du duché, le procureur général s'adjoignit, pour l'aider dans sa charge, des substituts, qui exercèrent les mêmes fonctions que lui dans leur ressort ; l'ordonnance de 1532 leur recommande de ne commettre « aucuns substituts ès villes où l'on a accoutumé en avoir, qui ne soient gens de bien et de bonne fame, diligens et sçavans à entendre les affaires de nostre souverain seigneur et à ses despens (1). »

Voyons maintenant quelle était la compétence du Change. Elle était multiple et lui fait bien mériter la qualification de tribunal souverain du prince, que lui donne Lionnois. Ses attributions sont constamment augmentées par les ducs, et, au xviie siècle, le tribunal du maître échevin de Nancy nous apparaît comme justice d'exception, dont ressortissent certaines personnes et certaines causes privilégiées, comme chambre de consultation des justices subalternes, enfin, quelquefois comme cour d'appel de ces justices.

Au civil, par ordonnance du 23 mars 1606, la connaissance des causes personnelles des gentilshommes et anoblis lui est attribuée, hors les cas réservés ; de même, les causes réelles de ces personnes

---

(1) Au xviie siècle, le procureur général touchait cinq cents francs par an. Le substitut de Nancy, cent, et celui de Lunéville, trente. Leclerc. *Nicolas Remy*, note 21.

qui ne sont point de la compétence des Assises (1).
Ils jugeaient sans appel les matières de saunage et
dans les cinq cas de chose jugée, serment loqué ou
déféré, de réparation de trouble, d'injure et de crime;
les procès des ouvriers des monnaies. L'ordonnance
du 1er juin 1595 leur donna le droit de juger de
même « les causes intentées pour salaire, loyer, gage
et mercède de serviteurs et de manouvriers, legs pieux
bien reconnus, trait de bouche et choses mises en
dépôt. » En tous ces cas, il n'y avait recours contre
leurs décisions, que par plainte au Conseil du duc,
c'est-à-dire en cassation. « Pour les autres causes, on
pouvoit se pourvoir en appel, soit au même Conseil,
soit aux Assises de Nancy ; mais on n'étoit reçu à
proposer faits nouveaux, ni autres écritures, lorsquelles avoient été agréées en première instance (2). »

Rogéville et Guinet nous donnent de nombreux
détails sur l'époque des sessions, la manière dont on
devait délibérer. Il serait trop long de les rapporter
ici (3). Disons encore qu'un édit du 22 décembre
1633 (4) enleva au procureur général une partie de la
juridiction tutélaire, pour l'attribuer aux Maître échevin
et échevins de Nancy dans leur ressort. Ce sont eux
qui dorénavant connaitront « de toutes causes,
quelles elles soient, et indifféremment, qui concerne-

---

(1) *Style des assises*, titre Ier, § 5 ; Leclerc, *Nicolas Remy*; Rogéville, *op. cit.*, I, 61.

(2) Rogéville, *Ibid.*

(3) Voir Rogéville, *loc. cit.*, et Dom Calmet, *Histoire de Lorraine*,
t. V, col. clx.

(4) Rapporté par Rogéville, *op. cit.*, II, 228 et suiv.

ront lesdits mineurs, furieux, prodigues et autres personnes de condition semblable, et de la qualité susdite autre que gentilshommes), et leurs tutelles et curatelles, par l'un du corps qui sera par eux commis à charge d'en être les difficultés en résultantes remises au jugement du corps en nombre suffisant, et généralement faire, dire et ordonner touchant le fait ci-dessus, leurs circonstances et dépendances, tout ce que juges duement commis et délégués peuvent et doivent faire de droit. » Le procureur général devra assister aux audiences spéciales qu'ils tiendront pour ces causes, « autant de fois que la nécessité et le bien des affaires desdictes personnes le requérera »; de leur jugement on pourra se porter appelant au Conseil ducal, « soit en actions pures et simples, et en exécution. » En même temps, l'édit crée deux nouveaux offices d'échevins, pour que les affaires ne restent pas en souffrance, à cause de cette extension de pouvoirs.

Au criminel, nous avons vu qu'aucune justice subalterne ne pouvait rendre sentence emportant une peine grave, sans avoir pris l'avis des échevins. Ils jugent aussi les nobles accusés de crimes. On ne peut dire depuis quelle époque. Il semble que ce fut assez tard. En 1408, dans le procès en sorcellerie de Romaric Bertrand, gentilhomme des Vosges, nous voyons le sénéchal conduire la procédure et remplir le rôle dévolu plus tard à notre tribunal. Jusqu'à la fin du XVIe siècle, il semble qu'il n'y avait rien de bien déterminé quant à la juridiction devant laquelle devaient être traduits les gentilshommes ayant commis quelque

méfait. Le bailli en connaissait, d'autres tribunaux
s'efforçaient d'en connaître. De là des conflits et des
empiétements, d'où résultait l'incertitude. Aux Etats
généraux de 1596, les Chevaliers et leurs pairs fieffés
supplièrent le duc de réglementer la chose, afin qu'ils
fussent « aussi par occurance asseurés de leurs juges
privés et jugements esdictes causes criminelles, tout
de même qu'ils le sont pour les civiles ». Charles III
fit droit à leur demande, et décida qu'à l'avenir ils
seraient justiciables des Échevins de Nancy, dans des
formes spéciales (1). Dans l'information « et confection » de ces procès criminels des gentilhommes de
l'ancienne Chevalerie, domiciliés dans les trois bailliages de l'ancien domaine, le duc députe des gentilshommes de la qualité du prévenu en nombre égal à
celui des échevins (2). Ils doivent rester étrangers au
délibéré et à la prononciation du jugement, réservés
aux seuls échevins. Ils se bornent à surveiller la procédure, et à chercher si leur pair a commis son crime
« contrainct du poinct et sentiment d'honneur ».
S'ils croient que le prévenu a agi sous l'influence de
ce sentiment, que des roturiers comme les échevins ne
peuvent apprécier, ils en font rapport au duc, lui
demandant « qu'il lui plaise en retenir la congnoissance y appelans les gentilshommes ja députés, et
aultres de leurs pairs en nombre plus grand. Si du

(1) Ordonnance du 1er septembre 1596, rapportée par Rogéville,
op. cit., II, 153 ; Lepage, *Offices*, p. 175.
(2) Lepage, *loc. cit.* ; Fabert, *op. cit.*, titre Ier, § 9 ; Rogéville, *loc.
cit.* Les gentilshommes des autres bailliages réclamèrent en vain les
mêmes privilèges ; Beaupré, *Essai sur la rédaction des coutumes*,
p. 209.

contraire il se trouve que l'acte ne soit commis par sentiment d'honneur, soit le prévenu renvoyé par-devant les juges premiers, auxquels, pour le parachè-vement du procès assisteront comme auparavant les gentilshommes ja députés jusques à sentence deffini-tive exclusivement, la résolution et prononciation de laquelle sera et demeurera ausdits Maître eschevin et eschevins seuls ; seront néammoings lesdicts gentils-hommes présents à la taxation et liquidation des despens et de l'intérêt civil, lesquels avant toutes choses se prendront sur les biens dudit délinquant (1) ». Cette ordonnance fut renouvelée en 1614, sur la demande des Chevaliers, pour réprimer les abus que commettaient, paraît-il, les échevins.

Le Change fonctionnait aussi comme juridiction d'appel, à l'égard des jugements rendus par certaines prévôtés et mairies. Par exemple pour Prény, Vaxy, Pagny-sur-Moselle, Norroy, Bouxières-aux-Chênes (après 1448), Amance, Flavigny, etc. Ceux de Darney arrivent devant lui après avoir été jugés à Mirecourt en second ressort (2). Les échevins s'efforcent d'aug-menter leur juridiction, d'attirer à eux la révision des jugements de mairies où leur compétence n'est pas reconnue. Ainsi, en 1556, une ordonnance est obligée de leur défendre pour le Val de Liepvre et Sainte-

---

(1) Édit du 1er septembre 1596, Rogéville, op. cit., II, 154.

(2) Prény et Norroy (canton de Pont-à-Mousson), Vaxy (canton de Château-Salins). Comptes du domaine de 1585, 1604, 1573, etc.; Trésor des chartes; Lepage, Communes de la Meurthe, I, 186, II, 245, 391, 643, 757, et Statistique de la Meurthe, II, 86. Pour Darney voir le document de 1573 rapporté dans le tome VIII, p. 252, des Documents de l'Histoire des Vosges.

Marie-aux-Mines (1). Il semble même qu'ils prétendirent ce droit dans tout le bailliage. Ainsi le maître échevin Bourgeois dit, dans sa Pratique de 1614 (Ch. xi) : « Des justices inférieures à celle du Bailliage de Nancy, les parties qui se sentent grevées des sentences y rendues en peuvent appeler en tout cas hors mis en crime, et se doibt l'appellation interjetter sur le champ si lesdictes parties ou leurs procureurs sont présents, et la convient relever dans quinze jours en fournissant deux frans si le procès est par escrit. »

Outre cette compétence que leur accordaient les lois et ordonnances, et cette connaissance peut être usurpée des appels du bailliage, ce tribunal s'immisçait souvent en des affaires qui ne le regardaient nullement. Les griefs du bailliage de Nancy présentés aux Etats généraux réclament contre ces usurpations. « Ils traitent, disent-ils, toute matière criminellement, sçavoir au grand criminel, au petit criminel, au criminel privilégié (chose inouïe ci devant) au préjudice de la juridiction civile et du pauvre peuple, qui en est grandement intéressé, chacun estant faict criminel. » En conséquence on supplie le duc d'y mettre bon ordre, de délimiter ce qui sera traité criminellement et ce qui le sera civilement, de veiller à ce qu'avant le prononcé de l'arrêt les réquisitions du procureur général soient faites, et les parties appelées. Ils excèdent aussi le taux des amendes, prélèvent des dépens excessifs, empiètent sur les attributions du bailli en décernant des assignations extraordinaires, rétormant

(1) Rogéville, *Dictionnaire des Ordonnances*, II, 466.

ses décisions, ne respectant même pas, paraît-il, les droits du Prince et des Etats-généraux (1).

Au milieu du xvii⁰ siècle, le tribunal était en passe de devenir un vrai Parlement ; il enregistrait même certains actes politiques, lorsque la création de la cour souveraine, où quelques-uns de ses membres entrèrent, vint diminuer son importance. L'occupation française lui porta un dernier coup, en lui enlevant les affaires qu'il connaissait extraordinairement, au profit du Parlement de Metz. Par une déclaration du 2 mai 1657, on rendit leurs offices héréditaires moyennant une finance que d'ailleurs la plupart ne voulurent ou ne purent payer. En 1661 (2), le Change, dont la compétence avait encore diminué, vit son organisation transformée ; le titre d'échevin disparut même et fut remplacé par celui de conseiller assesseur. Ce n'est plus qu'un petit tribunal bailliager qui est supprimé complètement, au mois de mai 1685, par des arrêts de réunions à la France rendus par le Parlement de Metz, et dès lors les causes qu'il jugeait vont aux présidiaux de Metz, de Toul, de Verdun ou de Sarrelouis, selon les lieux, ou au Parlement (3).

Pour les Vosges, la juridiction bailliagère semble avoir été les Assises des prévôts du ressort, auxquels s'adjoignaient des Chevaliers en certains cas et à une certaine époque. Ce tribunal, connu sous le nom de « furs assises », est trop intimement lié aux Assises

(1) Lepage, *Offices*, 176 et suiv.

(2) Ordonnance du 1ᵉʳ décembre 1661, rapportée par Rogéville, *op. cit.*, I, 65, et suiv.

(3) Rogéville, *ibid.*, p. 67.

de la Chevalerie, pour que son étude puisse en être séparée. Nous l'examinerons au chapitre suivant. Disons cependant, pour n'y plus revenir, que les sièges bailliagers des Vosges et d'Allemagne reçurent, en même temps que les Maître échevin et échevins de Nancy, le droit de juger les causes énumérées plus haut. Comme le Change, ils connurent des procès des nobles, anoblis et autres privilégiés, des matières de saunage, et décidèrent souverainement dans les cinq cas (1).

Mais il paraît que le bailli de Vosges et son lieutenant ne pouvaient suffire à vider les litiges qui leur étaient soumis, et que les neuf prévôts, pour éviter la dépense, ne se rassemblaient que rarement, ce qui faisait que souvent le duc était obligé « de dépêcher des commissions extraordinaires à autres juges en leur place à la foule des parties (2) ». Charles IV, à qui des plaintes avaient été adressées, s'inspirant, paraît-il, de projets que Charles III et Henri II n'avaient pu mettre à exécution, supprima les Assises des prévôts par une ordonnance du 9 avril 1627, et les remplaça par un tribunal de gradués sous la présidence du bailli : « Avons de l'avis des gens de nostre conseil, où étoit notre très honoré Seigneur et père Monsieur le duc François, et de notre certaine science, pleine puissance et autorité souveraine, dit, statué et ordonné, disons, statuons et ordonnons que la juridiction qui a été attribuée à notredict bailly et son lieutenant, et qui souloit appartenir et s'exerçoit sous notre autorité

---

(1) Rogéville, *Dictionnaire des Ordonnances*, I, 61.

(2) Ordonnance du 9 avril 1627. Rogéville, *Dictionnaire des Ordonnances*, supplément du tome Ier, p. 1 et suiv.

par les neuf prévôts dudict bailliage, créés et établis
de nous, tant en leurs assises que feurs assises, sera
désormais et à perpétuité exercée et administrée par
nostredit bailly et son lieutenant et leurs successeurs
en charge, et par quatre juges assesseurs gradués,
nommés et institués de nous conjointement et sans
division, et par trois d'iceux, en l'absence des autres,
aux formes et règlements que par nous leur seront
ci-après donnés, sans préjudice des ressorts ordinaires
et accoutumés de l'une et l'autre juridiction (1). »

Dans le bailliage d'Allemagne, le bailli était probablement assisté d'échevins pour statuer, mais nous
n'avons rien découvert qui le démontre. Il avait la
compétence ordinaire des baillis. En 1628, comme au
bailliage de Vosges, Charles IV institua au bailliage
d'Allemagne, « six conseillers pour, avec le lieutenant
général, juger tous les procès, à *l'instance* des bailliages de France (2) ».

Dans chacun des bailliages de Vosges et d'Allemagne, étaient établis des procureurs généraux. Ils
jouissaient dans leur ressort d'une compétence et
d'attributions semblables à celles de leur collègue de
Nancy, duquel ils ne dépendaient pas. Ils ordon-
naient les poursuites et conservaient les droits du duc.
En Vosges, ils furent établis dès le xve siècle, dès le
xvie en Allemagne. Il semble que, dans ce dernier
pays, ils n'aient été institués qu'à titre temporaire (3).

---

(1) Rogéville, *loc. cit.*

(2) *Jurisprudence de Lorraine*, dans l'*Histoire de Lorraine* de Dom
Calmet, III, col. CLXXXII.

(3) Lepage, *Offices*, p. 151 et suiv.

Chapitre VII.

Les Assises de la Chevalerie

Dès des temps très anciens et jusqu'en 1634, nous voyons la noblesse des trois bailliages de Nancy, Vosges et Allemagne, ou tout au moins une partie de cette noblesse, investie de vastes pouvoirs judiciaires. Dans des assemblées désignées sous le nom d'Assises de la Chevalerie, elle connaît de procès de tous ordres, sauf au criminel, contestations se rapportant au droit public ou privé, civil ou féodal, affaires de nobles, bourgeois et roturiers ; siégeant et décidant tantôt comme un tribunal de premier ressort, tantôt comme un tribunal d'appel, indéfini dans sa compétence, souverain dans sa juridiction et indépendant des ducs (1).

Comment et quand la Chevalerie lorraine acquit-elle ses prérogatives ? C'est ce qu'on ne saurait

(1) Laferrière, *Histoire du droit français,* tome V, p. 37.

déterminer avec quelque certitude. Bermann (1), rapportant une opinion du xvie siècle trouvée dans le commentaire de Le Thierriat, va chercher les racines de l'institution dans les usages gaulois, appuyant sa thèse sur un passage de César « *sur les nobles vosgiens* » : « *Apud eos nullus est communis magistratus, principes regionum atque pagorum inter suos judicant controversiasque minuunt* (2) ». D'autres vont fouiller la *Germanie* de Tacite, et font directement venir nos Assises du *Mallum* germanique. M. Beaupré (3) les fait dériver de la fusion des usages germains et gaulois. Fusion est peut-être trop dire, et tout au plus pourrait-on supposer que les Francs purent accoutumer d'autant plus vite les Gallo-Romains à la pratique des assemblées judiciaires, que ces peuples conquis en avaient eues autrefois.

D'autres émettent une opinion qu'on peut ainsi résumer. Certes, les Assises lorraines offrent de grands points de ressemblance avec les assemblées germaniques et carolingiennes, mais on ne voit pas le lien qui les rattache. Ces institutions n'ont entre elles qu'une affinité lointaine, et ne sont que des manifestations d'une même force, des effets ressortissant de causes semblables, mais indépendantes

---

(1) Bermann, *Dissertation historique* ; Fabert, *Remarques*, titre Ier, 5. C'était une mode du temps de Le Thierriat de chercher les racines des institutions chez les Gaulois. Voir Guillemin, *Vie manuscrite de Charles IV* (Mss 127 de la Bibliothèque de Nancy, fo 14).

(2) César, *De bello gallico*, VI, 23, dans ce passage parle des Germains et non des Gaulois.

(3) Beaupré, *Essai sur la rédaction des coutumes de Lorraine*, p. 121.

les unes des autres. C'est fort possible, car s'il exista des assises judiciaires dans l'ancienne Germanie et dans les pays francs aux temps carolingiens, elles ont assez rapidement disparu. D'ailleurs, elles offraient avec les Assises de la Chevalerie lorraine des différences notables, quant à la composition et à la compétence. Dans notre pays, c'était la naissance seule qui y donnait entrée, et les crimes et délits n'y étaient point jugés. Citons encore pour mémoire l'opinion de Florentin Le Thierriat (1), qui veut voir la source des privilèges des gentilshommes lorrains dans une concession princière, du Père Saleur à qui se rallie Rogéville (2), qui précisent l'époque de cette concession, l'attribuant à Frédéric le Chaste, vingt-neuvième duc bénéficiaire de Lorraine, et à Gozelon partant pour la Terre-Sainte, qui auraient organisé ce tribunal et augmenté sa compétence. Ces suppositions ne reposent sur aucun document authentique, et l'on peut supposer que Frédéric le Chaste, qui aurait été contemporain de Charlemagne, n'a pas plus existé que Gozelon tout au moins comme duc de Lorraine.

En examinant ce qui se passait dans d'autres pays à l'époque où, ce semble, commencèrent à fonctionner les Assises lorraines, nous voyons, notamment en France et en Angleterre, aux xi⁰ et xii⁰ siècles, les rois assembler leurs vassaux à des époques fixes de l'année pour délibérer sur les affaires publiques et trancher

(1) Fabert, *Remarques*, art. 5, titre 1ᵉʳ ; Guillemin, *op. cit.*, mss 127, f⁰ 183.

(2) Rogéville, *Dictionnaire des Ordonnances*, I, 28 ; Lionnois, *Histoire de Nancy*, t. I, 315.

des différends (1). En France, de ces assemblées connues primitivement sous les noms de *conventus*, *curia plena* ou *solemnis*, *consilium* puis *parliamenteum*, sortit le Parlement d'où les conseillers clercs, d'abord admis en sous-ordre, finirent par exclure les nobles. Les premières réunions des Assises ressemblent à ces convents. Elles sont qualifiées de *curia ducis*, de *consilium*, et le duc comme le roi français semble avoir eu le rôle prédominant et avoir rendu le jugement (2). Peu à peu, de la même façon que cela se passa au Parlement de Paris (3), les nobles arrivèrent à formuler les jugements en leurs noms, profitant de la faiblesse ou de la bienveillance du prince qui avait besoin d'eux. Mais, plus jaloux de leurs prérogatives que les pairs français, ou avertis par leur exemple (4), ils ne se seraient pas laissé supplanter par les clercs, qui, d'ailleurs, étaient peu nombreux en Lorraine, et qu'ils consultaient rarement. Ils auraient même poussé plus loin la défiance, en refusant l'entrée des Assises à ceux qui ne pouvaient prouver leur descendance de ceux qui avaient siégé dès l'origine.

Sans rien vouloir décider, nous formulerons encore une autre hypothèse. Il se forma, à l'effondrement de

---

(1) Glasson, *Histoire du droit anglais*, III, 284 et s.

(2) Un jugement rendu à Vaudigny-sur-Madon à la fin du xi⁰ siècle, semble démontrer qu'on est bien en présence d'une vraie *curia ducis Chronique de Chaumousey*, ch. II, éditée dans le tome II des *Documents de l'histoire des Vosges*. Voir aussi : *Jurisprudence lorraine* au tome III, col. ccxv et suiv. de l'*Histoire de Lorraine* de Dom Calmet.

(3) Glasson, *op. cit.*, III, 295.

(4) Saint-Simon, *Mémoires*, édition Chéruel, p. 309.

l'empire carolingien, une multitude de seigneuries où chaque baron, presque régalien, exerça un droit de justice à peu près absolu. Dans ce morcellement, les conflits de juridiction devaient être fréquents. Le pouvoir central n'existait plus pour ainsi dire, et les seigneurs ne voulaient plus en dépendre. On n'avait, pour trancher les conflits, que le recours à l'arbitrage ; mais il était difficile souvent de trouver un seigneur assez équitable ou assez puissant pour faire exécuter sa sentence. Peut-être, alors, les nobles lorrains se réunirent-ils en une sorte de syndicat d'arbitrage, dont les décisions devinrent peu à peu obligatoires. Les suzerains, cherchant à établir leur puissance, auraient reconnu ces tribunaux, et leur auraient fait quelques concessions. Par la suite, le syndicat serait resté fermé, ce qui expliquerait l'exclusion des Assises de nombreux vassaux. Dans des temps modernes, aux xvie et xviie siècles, nous voyons la noblesse immédiate de l'Empire, dans les cercles de Souabe, de Franconie et du Bas-Rhin, former de pareilles confédérations. Le conseiller Gœtzmann, dans son *Traité des fiefs* (1), nous en parle en ces termes : « Chacun de ces corps tient un directoire composé de quelques-uns de ses membres. On traite dans ces tribunaux des affaires communes pour le maintien du privilège des gentilshommes. On y traite aussi des contestations particulières qui naissent ; mais les officiers du directoire ne font que les fonctions d'amiables compositeurs, et les parties qui ne veulent point s'en tenir à

(1) Gœtzmann, *Traité des fiefs*, tome II, p. 168 et s.

leur décision sont libres de se pourvoir aux cours de justice de l'Empire, qui sont le Conseil aulique et la Chambre impériale de Wetzlar. » Cela offre bien des différences avec les Assises lorraines ; mais, dans des institutions formées peu à peu, et non établies par une loi, il est difficile d'en trouver d'exactement pareilles. Ces directoires n'exercent pas la juridiction souveraine des Assises. S'ils ne peuvent que rendre des sentences arbitrales, c'est qu'ils se sont établis dans un temps où il existait un pouvoir central, pouvant résister à leurs prétentions, ce qui n'aurait pas été le cas aux xe et xie siècles en Lorraine (1).

Quelle que soit l'origine des pouvoirs judiciaires de la Chevalerie lorraine, on peut supposer que lorsque Gérard d'Alsace fut investi, à titre héréditaire, du duché de Lorraine, par l'empereur Henri III, en 1048, il trouva vis-à-vis de lui cette corporation puissante et qu'il dut se faire reconnaître par elle. Il est encore probable que, fier de son titre nouveau, il essaya de s'élever au-dessus des Chevaliers, qui en définitive étaient ses égaux. Mais il était trop faible encore et ne put établir sa suprématie. Son fils Thierry dut se faire reconnaître par la Noblesse, et ce droit de contrôle, simulacre d'élection qui montre bien l'origine des pouvoirs centraux, fut exercé à chaque

(1) Un de ces directoires, celui du Bas-Rhin, formé seulement en 1651, vit donner force exécutoire à ses décisions par des Ordonnances de Louis XIV de décembre 1680 et du 9 mai 1681. Il subsista jusqu'à la Révolution. Les Ordonnances sont rapportées par de Boug. *Ordonnances d'Alsace*, I, 97 et 101. On y trouve d'autres détails, I, 115, 169, 451, 505, II, 110, 591. Voir Krug-Basse, *Histoire du Parlement de Nancy* (Annales de l'Est, 1896, p. 47), et Gœtzmann, *Traité des fiefs, loc. cit.*

vacance du trône. Simon II (1176-1205) vit la Chevalerie s'opposer à son projet de codification des coutumes, s'il faut en croire les suspectes Coupures de Bournon (1). Ferry III (1251-1303) ayant mécontenté par sa politique les Chevaliers, ceux-ci pour se venger auraient, profitant de la colère d'un mari trompé, mis la main sur lui et l'auraient enfermé dans une tour à Maxéville. Mais bientôt délivré, le duc par représailles aurait ordonné qu'à l'avenir les jugements des Assises fussent libellés en son nom, après avoir été soumis à son contrôle (2). Mais, malgré les mémoires de Haraucourt rapportés et soutenus par Wassebourg, MM. Beaupré, Digot, Meaume, Bonvalot, etc., Dom Calmet, MM. Lepage et de Saint-Vincent, et dans ces derniers temps M. Pfister, ont montré ce qu'il fallait penser de cette légende du prince prisonnier délivré miraculeusement par un chanteur, légende qu'on rencontre fréquemment dans la littérature médiévale, sorte de canevas sur lequel brodèrent troubadours et trouvères de tous les pays (3). Si Ferry III exigea, ce qui n'est pas prouvé, que les jugements de la Chevalerie fussent rendus en son nom, d'autres motifs l'inspirèrent. C'est que cela faisait partie de sa politique

---

(1) *Coupures de Bournon*, édition Cayon, p. 6.

(2) Une autre opinion est que ce fut cette mesure qui motiva l'emprisonnement de Ferry III. Meaume, *Chevalerie lorraine*, p. 67 et s.

(3) Sur cet incident, voir Meaume, *op. cit.*, p. 67 et s. ; Beaupré, *Emprisonnement de Ferry III à Maxéville*, Nancy, 1839 ; Digot, *Histoire de Lorraine*, II, 121 et s. ; Pfister, *Annales de l'Est*, 1897, p. 609, et *Histoire de Nancy* (édition de la Lorraine-Artiste, 1896), t. I, p. 63 et suiv. M. de Saint-Vincent présente une hypothèse originale dans les *Mémoires de l'Académie de Stanislas* de 1866, p. cxxiii.

d'abaissement de la noblesse, qu'il voulait usurper sur elle le pouvoir absolu, et se crut assez fort pour le faire.

Thiébaut II (1303-1312) suivit la voie que lui avait tracée son père. Il avait le caractère impérieux et porté vers l'absolutisme. En 1303, si l'on doit croire les mémoires de Le Thierriat (1), il renouvela en l'aggravant l'édit relatif aux jugements des Assises, qui n'avait pas été respecté : « Gentilshommes assemblées en l'assise ou tenant les plaids » ne jugeront dorénavant en dernier ressort sans avoir communiqué au duc « sans que li jugement ait mis mon scel et vouloir». Cette ordonnance qui portait atteinte à d'autres privilèges, dont nous n'avons pas à nous occuper ici, souleva l'indignation de la Chevalerie, qui s'arma et fut vaincue aux environs de Lunéville. Cette défaite assura l'exécution des décrets ducaux. Mais circonvenu, repentant, ou plutôt craignant de voir les Chevaliers s'opposer à l'avènement de son fils Raoul, Thiébaut se rétracta dans son testament, où il ordonne « espéciallement que li jugements des Chevaliers soit tenus et gardés si comme il fit jusqu'à tant mon père, et que li uns ou li d'ui ne puissent mettre lor jugemens en la boche du duc qui sera (2) ».

Ferry IV (1312-1328) eut aussi à réprimer quelques révoltes, mais les défaites qu'il infligea à la Chevalerie,

(1) *Coupures de Bournon*, édition Cayon, p. 15 ; Meaume, *op. cit.*, p. 75 et suiv.

(2) Codicille du 2 mai 1312, rapporté par Rogéville, *Dictionnaire des Ordonnances*, I, 29 ; Vignier, *La véritable origine de la Maison de Lorraine*, p. 252; Meaume, *op. cit.*, p. 85.

et les guerres où il l'occupa au loin, ainsi que son successeur Raoul, firent que les deux puissances vécurent tranquilles, côte à côte, jusqu'à l'avènement de Jean Iᵉʳ (1346). Les Chevaliers profitèrent alors de ce qu'on avait besoin d'eux, pour exiger de la faible régente Marie de Blois une reconnaissance de leurs privilèges, qu'elle essaya en vain de rétracter après son mariage avec Ferry de Linange. En juillet 1353, le corégent Errard de Wurtemberg prêta serment de « garder à jamais toutes les franchises et toutes les libertés de la duchié, des nobles, des religions, des Eglises de toutes bourgeoisies et communes..., sans venir encontre par nulle raison que ce soit ou puisse être (1) ». Charles II (1390-1431) aurait confirmé ces lettres d'Errard (2). Mais il entraîna la noblesse dans des guerres, et elle ne put guère donner ses soins à la justice. Cependant, ceux qui étaient restés dans le duché, profitant de l'absence du duc, auraient usurpé des pouvoirs que Charles se hâta de reprendre lorsqu'il revint des guerres d'Afrique (3). Il aurait même repris plus, puisque le serment prêté par René et Isabelle parle « des nouvelletés indues et non raisonnables » qui furent « élevées au temps et au vivant » de Charles II.

A la mort de celui-ci, survenue le 25 janvier 1431, des difficultés surgirent pour le règlement de sa succession. Il laissait une fille, Isabelle, mariée à

---

(1) Serment rapporté par Rogéville, op. cit., I, 29 et mss nᵒ 102 de la Bibliothèque de Nancy (nᵒ 124 du catalogue imprimé).

(2) D'après M. Bonvalot, Principalles coustumes de Lorraine, p. 23.

(3) Guillemin, Vie de Charles IV; mns 127 de Nancy, fᵒ 184, verso.

René d'Anjou, et un neveu, Antoine de Vaudémont.
On se demandait si la loi salique devait être appliquée
ou si « la duchié tomboit en quenouille ». Pour
rallier des partisans à leur cause, René et Isabelle,
dès les premiers jours qui suivirent la mort du duc
Charles, confirmèrent les privilèges des gentilshommes. A son entrée à Nancy, René fut conduit à
la collégiale Saint-Georges, abandonna au Chapitre
son cheval, comme ses prédécesseurs Jean et Charles
l'avaient fait, mais de plus il jura solennellement le
maintien des libertés de ses sujets, c'est-à-dire principalement des Chevaliers. A la suite de ce serment
furent délivrées les lettres patentes de ratification du
30 janvier 1431, expédiées en cinq exemplaires : Un
pour le maréchal, un pour chacun des trois grands
bailliages de l'ancien domaine, et le dernier pour le
duc, qui le confiait au capitaine de ses gardes. Ces
lettres de René et d'Isabelle, où M. Meaume (1)
veut voir le texte de la constitution du peuple lorrain
rétablissant les vieux us que Charles II avait voulu
supprimer, reconnaissait à la Chevalerie des privilèges
importants, qui sont minutieusement relatés : Les
contestations des Chevaliers entre eux ou avec le duc,
ses officiers, bourgeois ou « hommes de pote » devront
être arbitrées aux Assises, qui connaîtront également,
à l'exclusion de tous autres tribunaux, des appels des
jugements rendus dans le duché, c'est-à-dire dans
l'ancien domaine. Le 22 novembre 1464, d'autres
lettres patentes du même René vinrent rappeler ces

---

(1) Meaume, *Ancienne chevalerie*, p. 113..

droits, que les officiers ducaux ne voulaient point admettre et s'efforçaient d'abolir (1).

Les Chevaliers surent profiter de ce précédent, et à chaque changement de règne, le nouveau duc entrant dans sa capitale, devra passer par la collégiale Saint-Georges ou la porte Saint-Nicolas pour y prêter, entre les mains du prévôt de la collégiale, ou entre celles du bailli de Nancy, le serment de respecter les libertés du duché, puis donner des lettres confirmatives reproduisant celles de René et d'Isabelle, et des autres ducs qui les auraient précédés. René II jura ainsi « de garder le bras séculier, l'état des nobles et le droit du peuple ». De même Charles le Téméraire, voulant se faire agréer par la nation lorraine, suivit, pour prendre possession de sa capitale ambitionnée, les formalités établies (2). Antoine et François s'y soumirent sans difficulté. Charles III, que son carac-et son éducation à la Cour despotique de France pré-disposait à l'absolutisme, voulut échapper à la céré-monie ; méditant d'abattre l'aristocratie, il reculait devant un parjure. De respectueuses remontrances à lui adressées par les Chevaliers restèrent sans effet, et le refus des subsides par les États généraux de 1562 le décida seul. Le 18 mai de cette année, il entra à Nancy, prêta le serment et en expédia des lettres de confir-

(1) Ces lettres patentes sont rapportées par Rogéville, *Dictionnaire des Ordonnances*, I, 33 sq., et mieux par Digot, *Histoire de Lorraine*, III, 8 et sq. Les premières sont datées du pénultième jour de janvier 1430. L'année commençait à Pâques. On doit donc aujourd'hui les dater de 1431.

(2) Lepage, *Communes de la Meurthe*, II, vᵉ Nancy, p. 115, 116, 118.

mation. Il semblait, à cette époque, bien résolu à violer son serment, puisqu'avant de le prêter il cherchait les moyens de l'éluder sans pécher. On lui avait conseillé certaines réticences casuistiques, mais il se contenta de protester en secret devant notaire par le moyen de son procureur général, Bertrand le Hongre.

Malgré ce que ces débuts auraient pu faire présager, duc et chevaliers firent assez bon ménage durant le long et glorieux règne de Charles III. Celui-ci rétablit même, le 3 mai 1581 (1), les Assises du bailliage d'Allemagne qui ne s'assemblaient plus. De nombreuses réformes vinrent pourtant abaisser le pouvoir de l'aristocratie, par exemple la rédaction des coutumes. Mais elle ne protesta pas trop, soit qu'elle se résignât, soit qu'elle ne vit pas le danger. La décadence commençait pour cette vieille institution, qui ne répondait plus aux besoins de l'époque. Un courant nouveau d'opinion s'élevait contre elle en France, et se faisait sentir en Lorraine. Le pouvoir centralisateur et despotique allait se constituer, elle seule y faisait obstacle et elle devait être abattue. En même temps les Assises, qui avaient été autrefois un bienfait, paraissaient surannées. Le droit avait progressé, et les juges qui les composaient l'ignorait. Ils négligeaient leurs fonctions, car les familles admises aux Assises étaient moins nombreuses, de là une charge plus lourde pour celles qui subsistaient.

---

(1) Ordonnance rapportée par Rogéville, *Dictionnaire des Ordonnances*, I, p. 40.

Le vieil arbre aurait eu besoin d'être revivifié par une greffe nouvelle, mais il se gardait du greffoir par crainte de la cognée, et refusait de s'assimiler aucun élément étranger.

Cependant, s'il faut croire le partial Guillemin (1), la Chevalerie fut assez forte pour lutter contre Charles III, dans les dernières années de son règne. Elle lui aurait même donné tant de chagrins à la tenue des Etats, « qu'à la fin il en mourut ». Le timide Henri II crut pouvoir résister aux gentilshommes ; mais lui aussi, après deux ans de règne, il dut se soumettre et prêter le serment obligé, à son entrée dans la capitale, le 20 avril 1610 (2). Jusqu'à Charles IV, la décadence continua. Celui-ci, tout d'abord, eut besoin de la Chevalerie pour se faire proclamer seul souverain ; il lui assura sans difficultés la continuation de ses vieux usages, par le serment accoutumé. Mais, comme Charles III, il avait été élevé à la cour de France, et ne voulait point d'entraves à l'exercice de son pouvoir. Il n'avait plus à combattre qu'une institution attaquée de toutes parts ; il encouragea ces attaques, surtout celles des légistes, qui commençaient à prédominer en Lorraine depuis la fondation de l'Université de Pont-à-Mousson. Ceux-ci souffraient mal de voir des ignorants ès lois rendre la justice, lorsqu'on aurait pu utiliser leur science. L'un deux, Guillemin, dans sa

(1) *Vie manuscrite de Charles IV.*

(2) Meaume, *Chevalerie lorraine*, p. 171 ; Digot, *Histoire de Lorraine*, V, 6.

vie manuscrite de Charles IV (1), nous l'avoue ingé-
nument en ces termes : « Les gentilshommes que l'on
appelle de l'ancienne Chevalerie jugeoient souverainement... tandis que les gens lettrés demeuroient
inutiles et sans emplois. » Par une ordonnance du
9 avril 1627, Charles IV commença la réforme
qu'il rêvait, en adjoignant aux baillis des conseillers
gradués à sa nomination (2). Les Chevaliers protestèrent, mais faiblement ; beaucoup d'entre eux se
désintéressaient des vieux us, pardonnaient tout à un
prince adoré ou ne voyaient pas le danger de cette
mesure qui cependant préparait « les choses à l'établissement d'une Cour souveraine. Cependant deux
ou trois, croyant qu'il s'agissoit de leurs privilèges, en
attirèrent bientôt d'autres pour se liguer et appeler
l'étranger, envoyant plusieurs fois en France demander
la protection du Roy. Ce fut toujours néanmoins
inutilement, car, quoique dans ce temps le cardinal
de Richelieu cherchât un prétexte pour s'emparer de
la Lorraine, il ne voulut néanmoins jamais se servir
de celuy-là, parce que l'ayant occupée sous ce prétexte,
il auroit été obligé de les conserver dans ce prétendu
privilège, ce qui étoit une chose entièrement contraire
à la monarchie sur le pied qu'il vouloit l'établir (3). »
Cette demande de protection formulée par l'aristocratie lorraine au grand ennemi de l'aristocratie nous
a paru devoir être signalée, mais nous semble bien

---

(1) Mns 127 (Bibliothèque de Nancy), f° 27, v°.
(2) *Ibid.*, fol. 27 et 28.
(3) Guillemin, *op. cit.*, f° 28.

invraisemblable. Il est probable que Guillemin aura été aveuglé ici par sa haine contre ces nobles qui, selon lui, « refusent d'obéir en tout ce qui est légitime aux puissances que Dieu leur a donné pour leur commander, et que plus tard on vit faire servilement leur cour aux intendants français ». Charles IV ne se laissa pas effrayer, et continua ses réformes. Jusque-là, les chevaliers vérifiaient eux-mêmes les titres de ceux qui prétendaient siéger dans leurs rangs. Le duc voulut avoir part à cette vérification. Ils le laissèrent faire, encore contents de voir leurs jugements demeurer souverains et ne pas être soumis à l'appel au Conseil ducal, comme il avait été projeté (1). En 1629, ils prêtèrent même leur aide à Charles IV, pour supprimer les Etats généraux. Espérant recueillir leur succession dans leurs Assises, ils s'associèrent à l'illégalité et votèrent les subsides en leur place, à plusieurs reprises (2).

Les choses en étaient là, quand les Français entrèrent en Lorraine. S'il faut en croire la remontrance adressée à Charles IV en 1662 par Messieurs de la noblesse (3), Richelieu leur aurait promis le maintien de leurs libertés moyennant leur soumission et appui. Ils auraient refusé, craignant de déplaire au maître légitime et ne voulant point reconnaître l'usurpateur. Le 16 septembre 1634, un édit royal

(1) Beaupré, *Essai sur la rédaction des coutumes*, p. 136, note.

(2) Les assises se rassemblèrent pour la dernière fois en décembre 1633.

(3) Rapportée par Rogéville, *Dictionnaire des Ordonnances*, I, 47, et mns 92 de la Bibliothèque de Nancy, (n° 154 du catalogue imprimé), f° 308.

établit à Nancy un Conseil souverain destiné « à remplacer tous les autres juges souverains ci-devant
établis en Lorraine ». C'était abolir les Assises, sans
toutefois les nommer. A ce Conseil français qu'il ne
reconnaissait pas, Charles IV opposa non pas l'antique
tribunal des Chevaliers, mais une cour ambulatoire
composée de juges de Saint-Mihiel ou d'autres
légistes, qui fut toujours consultée par les fidèles
Lorrains à l'exclusion de la Cour française. Les
gentilshommes, obligés de suivre leur duc dans les
combats, ne protestèrent pas. Le moment, d'ailleurs,
eût été mal choisi. On leur fit croire que cette institution n'était que temporaire, créée à cause de la situation exceptionnelle.

En 1641, rentré dans ses États, Charles IV se
garda bien de faire revivre les anciennes coutumes.
Le Conseil souverain était trop conforme à ses
projets, pour qu'il le supprimât. La trêve laissée
à la pauvre Lorraine fut courte et ne permit pas aux
protestations de se produire. En 1661, replacé à
nouveau sur le trône de Gérard d'Alsace, Charles
s'occupa de réorganiser la Cour souveraine. Alors la
Chevalerie s'émut, elle se rassembla au village français de Liverdun et rédigea une lettre de remontrance,
demandant le rétablissement des Assises, suppliant
le duc « très humblement en général et en particulier,
avec la sincère soumission de nous vouloir aujourd'hui
garder sa parole, que nous avons toujours tenue
inviolable et valoir bien plus qu'un brevet (1) ».

---

(1) Rogéville, *Dictionnaire des Ordonnances*, I, 47 ; mns 92 (Bibliothèque de Nancy), f° 308.

Mais, « comme le duc avait conçu le dessein depuis longtemps de supprimer les privilèges de la noblesse et de gouverner avec une autorité absolue (1) », il se fâcha, exila le baron de Saffre, chef du mouvement, et mit des gardes chez les autres « pour manger leurs poules (2) ». Il voulut même, dit-on, que toute trace des Assises disparût et ordonna la destruction de ses archives (3). En 1663, la Chevalerie essaya de tirer parti de l'émotion causée dans le pays par le traité de Montmartre, pour réclamer ses privilèges dans des assemblées, à Jarville et à Pont-à-Mousson, mais n'obtint aucun résultat.

Quand le traité de Ryswick réintégra Léopold dans son duché, des tentatives timides furent essayées auprès de lui, par la Chevalerie, pour obtenir le rétablissement des Assises. Mais « elles ne lui réussirent pas mieux ; quoique ce prince la comblât de bienfaits en détail, il ne voulut jamais rendre au corps ses anciennes prérogatives et témoignoit de l'humeur quand on lui en parloit (4) ». Le serment qu'il prêta, le 11 novembre 1698, sous la porte Saint-Nicolas, ne fut qu'un vain simulacre, destiné à rappeler les vieilles traditions, à ranimer dans la

(1) *Mémoires de Beauvau*, p. 187.

(2) Beauvau, 186. Voir aussi, sur cet incident, Guillemin, *Mns cit.*, p. 183 et suiv.; Saint-Mauris, *Études historique sur l'ancienne Lorraine*, II, 190, 191.

(3) Rogéville, *Dictionnaire des Ordonnances*, I, 50. Un registre des Assises est signalé dans le catalogue de la vente de la bibliothèque de M. Meaume, n° 1448 ; Rogéville signale trois registres de 1557 à 1589 aux Archives du Parlement, et trente à quarante à Mirecourt. Supplément au tome Ier du *Dictionnaire des Ordonnances*, p. 3.

(4) Rogéville, *op. cit.*, I, 52.

nation lorraine le souvenir des gloires passées, et rattacher ainsi celui qui le prêtait à d'anciennes coutumes, qu'on se gardait cependant de vouloir rétablir.

Ce serment ne parle plus de libertés ; le duc se borne à dire « qu'il aura soin de soutenir l'honneur de l'état ecclésiastique et la dignité de sa noblesse, et qu'il conservera les peuples qui lui sont *soumis* dans les coutumes qui conviennent au bien de son État (1) ». Qu'était devenu, d'ailleurs, ce vaillant corps de la Chevalerie ? Décimé sur les champs de bataille de l'Europe, réduit à quelques familles dont la plupart étaient misérables (2), il dut se trouver en lui bien peu de protestataires, et leurs chances de succès étaient bien minces. Plus de soixante ans s'étaient écoulés depuis la dernière session des Assises, rendues impopulaires par leurs défauts mêmes ou les libelles suscités contre elles ; les Lorrains étaient habitués à d'autres juridictions dépêchant, plus vite les affaires. De plus, les traditions s'étaient perdues, durant la longue occupation française ; les jeunes Chevaliers durent se désintéresser du rétablissement des anciennes juridictions, qu'ils n'avaient point connues. Pour toutes ces causes, la Chevalerie n'obtint rien, et

---

(1) Rogéville, *Dictionnaire de Jurisprudence*, p. 33.

(2) Sur la misère des Chevaliers voici ce que nous dit Guillemin : « La France les a toujours humiliés, jusqu'à ce qu'elle les a eu réduits au déplorable état où nous les voyons, sans honneur, sans bien, sans employ, faisant seulement leur cour à un intendant, et comme un abîme en appelle un autre, la plupart prendre party dans les troupes du Roy, non par zèle à son service, que pour empescher à leur maistre l'entrée de ses États, de peur qu'il ne soit le témoin de leurs misères. » *op. cit.*, fº 28.

Léopold sùt calmer les protestataires en les comblant de bienfaits et d'honneurs.

Telles furent les vicissitudes qu'éprouva, dans le cours des siècles, le tribunal des Assises qui, après avoir été une institution bienfaisante, ne répondait plus, au xviie siècle, aux besoins de l'époque et était destiné à une chute prochaine, que l'invasion française hàta de peu d'années.

A ce moment, et depuis longtemps, les Assises étaient divisées en trois sections, qui se réunissaient aux chefs-lieux des trois bailliages de Nancy, Vosges et Allemagne. Au début, il est probable qu'une seule assemblée était réunie, et que la division en sections ne s'opéra que quelque temps après la formation des trois bailliages. Cela expliquerait la plus grande autorité de celles de Nancy. Le lieu des réunions n'était pas non plus bien fixé au début ; elles se tenaient probablement sur le lieu du litige ou dans les environs. Même après la scission en trois, nous voyons des séances se tenir à Rosières pour le bailliage de Nancy, à Charmes pour celui de Vosges, avant qu'on leur assignàt comme port d'attache Nancy et Mirecourt. Les Assises d'Allemagne n'eurent pas de siège pendant longtemps, et elles ne furent établies définitivement à Vaudrevange que par l'ordonnance du 3 mai 1581 (1).

Comment obtenait-on le droit de siéger aux Assises ? Il ne suffisait pas d'être noble, il fallait être gentilhomme de nom et d'armes, descendant de

(1) Rogéville, *Dictionnaire des Ordonnances*, I, 44.

l'ancienne Chevalerie ou pair fieffé. L'ancienne Chevalerie, dont il s'agit ici, n'était pas composée de ceux
qui avaient reçu cet ordre que l'on conférait sur les
champs de bataille (1), mais de gentilshommes dont
les familles étaient établies dans le pays depuis un
temps immémorial. Tels les Lenoncourt, Haraucourt, Ligniville, du Châtelet, etc. Si l'on descendait
par les mâles d'une de ces vieilles familles et si l'on
en faisait la preuve, que l'on fût aîné ou cadet, on
obtenait droit d'entrée aux Assises, où, comme le dit
fort bien M. Meaume, « l'arbre généalogique du Chevalier servait au juge de diplôme de capacité » (2).
Toutefois la mère du postulant ne devait pas s'être
mésalliée dans un premier mariage (3). De bonne
heure, dès le XIIIe siècle, semble-t-il, le nombre des
Chevaliers diminuant, ils admirent à partager leurs
prérogatives des gentilshommes que l'on dénomma
pairs ou nobles fiebvés ou fieffés. C'étaient des gens
possédant fiefs en terre lorraine, descendant par les
femmes de membres de l'ancienne Chevalerie, en
même temps qu'ils avaient du côté paternel une
noblesse d'origine inconnue. Callot a proposé une
autre explication de ce nom, disant qu'on appelait ces
nobles fieffés, parce que leurs fiefs étaient mouvants
des quatre grands Chevaux de Lorraine : Du Châtelet, Ligniville, Lenoncourt et Haraucourt (4). Cepen-

(1) Lionnois, *Histoire de Nancy*, I, 319, semble avoir fait la confusion.
(2) Meaume, *Les Assises de l'ancienne chevalerie*, p. 7.
(3) *Coutumes de Lorraine*, titre Ier, § 10.
(4) C'est dans le livre de Callot que l'on trouve mentionnée pour la
première fois cette prééminence des quatre grands Chevaux qui

dant, en regardant la liste des pairs fieffés, on en voit qui ne relevèrent que des ducs, et avant Callot on n'avait jamais proposé cette explication. Au bailliage d'Allemagne, l'édit du 3 mai 1581, probablement parce que les familles nobles y avaient été particulièrement décimées, acccorda aux grands prélats l'entrée des Assises, « encore qu'ils ne fussent gentilshommes (1). »

Les Assises de Nancy avaient, comme nous le verrons, des pouvoirs judiciaires plus grands que les deux autres sections, dont elles réformaient les jugements en certains cas. Cela tenait-il à ce que les conditions d'admission étaient plus rigoureuses à Nancy qu'à Vaudrevange et à Mirecourt ? que là siégeaient seuls les anciens Chevaliers, tandis qu'aux deux autres sièges c'étaient de simples nobles ? On a pu le supposer, en cherchant des arguments au titre I § 3 du « Style de Procédure ensuivant les coutumes de Lorraine », qui, parlant des membres des Assises de la capitale, les appelle toujours gentilshommes de l'ancienne Chevalerie, tandis qu'il nomme simplement gentilshommes ceux des deux autres sections.

Mais les documents que nous rapporte Rogéville ne font pas cette distinction ; les principales coutumes de 1519 désignent les juges nobles des deux sections alors existantes, sous l'unique nom de gentils-

---

étaient des Chevaliers comme les autres, mais plus riches et plus influents.

(1) Rogéville, *Dictionnaire des Ordonnances*, tome Ier, p. 44.

hommes (1). Ce coutumier a été publié sous Antoine, et les serments de ce prince et de son successeur montrent cependant que les seuls Chevaliers et leurs pairs siégeaient aux Assises. L'ordonnance de 1581 rétablissant celles de Vaudrevange, et y introduisant des prélats, nous fait voir qu'à côté d'eux, il n'y aura place que pour des Chevaliers. Guinet, qui écrivait en un temps où le souvenir de l'antique tribunal était encore très vivant, ne fait pas de distinction entre ses membres. Enfin, le § 26 du Style de Procédure, sur lequel on s'appuye, parle des Assises que tenaient en Vosges les anciens Chevaliers (2).

Nous croyons donc que les conditions de naissance, exigées pour l'entrée des Assises, étaient les mêmes dans les trois sections, sauf la différence signalée pour le bailliage d'Allemagne. A l'origine, comme nous l'avons dit, les Chevaliers y siégeaient seuls, puis les pairs fieffés furent admis. Il fallait, lorsqu'on postulait la qualité de membre des Assises, faire preuve de l'une de ces qualités, fournir attestations de la noblesse de ses parents, jusques et y compris son trisaïeul, de celle de leurs femmes en indiquant leur maison, « prouver sa filiation des deux côtés pendant quatre générations », faire voir les qualités que les aïeux avaient prises dans cet intervalle, « et justifier

---

(1) Rogéville, *Dictionnaire des Ordonnances*, v° Assises ; *Principales coustumes*, édition Bonvalot, p. 51. Dans ce coutumier on trouve cependant une différence dans la formule du jugement à Mirecourt, et à Nancy, qui pourrait venir à l'appui de la thèse que nous combattons.

(2) Voir Beaupré, *Essai sur la rédaction des coutumes*, p. 127, note ; Meaume, *Assises de la Chevalerie*, p. 15 ; et les dissertations rapportées par Dom Calmet, *Histoire de Lorraine*, t. III et V.

en particulier la naissance de son bisaïeul paternel
ainsi que celle de sa femme (1) » ; au-delà du trisaïeul,
plus besoin de preuves, la possession d'état suffisait, il
fallait seulement que l'origine de cet ancêtre fût
inconnue. Toutes les pièces étaient examinées par
deux commissaires chevaliers, puis par le tribunal
entier qui prononçait sur la validité ou l'insuffisance
des titres. Les ducs, dans l'espérance d'introduire
aux Assises des anoblis ou des nobles à leur dévo-
tion, voulurent avoir part à cet examen ; mais l'ancienne Chevalerie ne voulut longtemps souffrir aucun
empiétement, et ce ne fut qu'à une époque de décadence, que Charles IV put obtenir communication
des pièces (2).

Les sessions furent réunies fort irrégulièrement,
semble-t-il, jusqu'au xiiie siècle. Dès cette époque,
elles devinrent plus fréquentes, tout en s'espaçant
d'intervalles inégaux d'un mois et quelquefois de
deux ans. Le coutumier de 1519 (3) nous apprend
qu'à Nancy, les Assises devaient se tenir « par chascun mois, à sçavoir de quatre sepmaines à quatre sepmaines », de même à Mirecourt ; celles d'Allemagne
n'existant plus. A partir de 1581, lorsquelles furent
rétablies, elles se rassemblèrent de deux mois en deux
mois. Mais ces règles n'étaient pas observées, à cause
de la négligence que les Chevaliers apportaient à remplir leurs fonctions de juges, et chaque année, il ne

(1) Dom Calmet, *Histoire de Lorraine*, t. V, col. ccxlvii.
(2) Dom Calmet, *loc. cit.*
(3) Publié par Bonvalot, p. 50 et 70.

se tenait guère que huit sessions tant à Nancy qu'à Mirecourt (1).

Dans ces sessions, qui commençaient généralement un lundi à huit heures du matin et se continuaient toute la semaine, on n'exigea pas, pour que le jugement fût valable, un minimum de juges. Jusqu'au xvie siècle, on se contenta de demander qu'il y en eût un gros nombre (2). Et cela arrivait toujours, car c'était la belle époque de l'institution, où les Chevaliers « comme en Provence, ne croyaient pas déroger en remplissant des fonctions de judicature (3) », où l'on comptait encore deux cent quatre-vingt-onze familles de l'ancienne Chevalerie. Mais quand ce nombre eut diminué de plus d'un tiers vers le xviie siècle (4), et que cette diminution coïncida avec une augmentation de procès à juger, on fut obligé de décider que la sentence ne serait valable, que lorsqu'elle aurait été rendue par onze Chevaliers à Nancy, sept à Mirecourt et à Vaudrevange, le bailli n'étant compté que dans ce dernier siège. D'autres règlements vinrent encore abaisser ce minimum. Ainsi celui que l'on trouve au manuscrit 211 de la Bibliothèque de Nancy (5), le fixa à cinq pour les Vosges.

En même temps, l'on cherche à stimuler le zèle

---

(1) A la Quasimodo, fin mai, Saint-Jean, Saint-Barthélemy, après la Toussaint, au milieu de décembre ; Mengin, *Barreau lorrain*, p. 8.

(2) *Principales coustumes*, p. 51.

(3) Dom Calmet, *Histoire de Lorraine*.

(4) 188 familles, Laferrière, *Histoire du droit français*, t. V, 35 ; Krug-Basse, *Histoire du Parlement de Nancy* (Annales de l'Est, 1896, p. 47); Bermann *Dissertation sur l'ancienne Chevalerie*, p. 160.

(5) Mss. 112 du catalogue imprimé. Il paraît dater de 1622.

des Chevaliers. Les coutumes décident que tous ceux qui se rendront aux Assises ne pourront être saisis pour dettes civiles, quoique obligés par corps (1). A Mirecourt on taxe les aubergistes, tant pour la nourriture des gentilshommes, que pour celle de leurs gens et chevaux. On devient fort difficile pour accepter les excuses, et les certificats délivrés par les médecins sont tenus pour suspects. En outre, des amendes sont prononcées contre les défaillants au profit des assidus, et pour le paiement de celles-ci des cautions bourgeoises doivent être constituées (2).

Quelles étaient les affaires examinées par le tribunal des Assises? Pour les temps anciens, en l'absence de document, on ne saurait le préciser. Le serment de René et d'Isabelle, de 1431, nous apporte quelques éclaircissements. Il reconnaît aux Chevaliers, comme nous l'avons déjà vu, le droit de trancher les contestations qu'ils ont avec le duc, entre eux ou avec des bourgeois et serfs, en première instance ; en outre, ils connaissent des appels des jugements des tribunaux subalternes. Telle est, en quelques mots, la compétence des Assises, mais il faut l'examiner dans chaque bailliage, car elle varie avec chaque section.

A Mirecourt, les Assises sont divisées en deux Chambres, Assises proprement dites et furs Assises. Dans la première, où siègent seuls des Chevaliers,

---

(1) *Style des Assises*, titre Ier, art. 12 ; Dom Calmet, *Histoire de Lorraine*, V, col. ccxlvii.

(2) Art. 8, 9, 13, mns 211. Une amende de 20 francs barrois est édictée par les États de 1622, Mory d'Elvange, *Fragments historiques*, 30.

sont examinées des matières féodales, « actions pétitoires pour fiefs, arrière-fiefs, châteaux, maisons
fortes, rentes, revenus et droits seigneuriaux, pour
francs alœuds nobles, pour villes ou villages, droits
de patronage lay et pour toutes autres choses de
pareille nature et condition, et ce, entre le prince
et ses vassaux, de vassaux à autres et entre tous autres
capables de contendre les choses susdites (1) ». Les
jugements rendus dans ces causes ne sont pas souverains et peuvent être attaqués aux Assises de
Nancy.

L'autre section de Mirecourt prenait le nom de
Furs Assises. Ce mot de fur vient de *foras*, hors de :
Furs Assises, c'est-à-dire, après les Assises. Hors les
Assises, selon Candot et M. Bonvalot, hors de Nancy
d'après de Mahuet. Rogéville et M. Beaupré propo-
sent une autre explication, et disent que ce nom fut
donné à ces Assises, parce que l'on y jugeait les
causes au fur et à mesure (2). Quoi qu'il en soit, ce
tribunal, qui était le tribunal bailliager des Vosges
comme les Échevins à Nancy, jugea des actions personnelles, qui, pour une cause ou une autre, ne pouvaient pas être plaidées devant les mairies ou prévôtés
des parties, « comme de debtes et autres semblables »,
et « les actions réelles de cas de roturier et de potté,
qui peuvent survenir entre communauté, l'une contre
l'aultre, pour usaige de boys, foueresses, pasturaiges,
mesme d'usuaires de villes, d'héritages et aultres

---

(1) *Style*, I, § 5. Voir aussi *Principales coustumes*, p. 70.
(2) Rogéville, *op. cit.*, I, 43.

semblables et aussy entre particuliers de leurs affaires (1) ». Ces furs Assises ne paraissent avoir été d'abord composées que des prévôts du bailliage, présidés par le bailli, les gentilshommes pouvant assister aux séances sans prendre part aux débats. C'est tout au moins ce qui se passait au xvie siècle, comme nous l'apprend le coutumier édité par M. Bonvalot. De ces sentences rendues par les prévôts, on pouvait appeler. L'affaire revenait alors aux furs Assises, s'il s'agissait d'actions personnelles. En ce cas, dit le coutumier, « s'ils (les prévôts) ne sont bien recors du demaine ou qu'ils se treuvent empeschés à vuyder ladicte cause, ledit prévost eschevin vient audit sieur bailly, prier qu'il face aller à leur conseil MM. les Nobles illecq assistants pour eux aydier à conseiller ». Ces gentilshommes, ainsi appelés, au moins au nombre de sept, rendaient alors, de concert avec les prévôts, une sentence définitive. Quant aux autres matières, l'appel s'en portait aux Assises de Nancy, sauf celles se rapportant aux cinq cas, qui étaient jugées en premier et dernier ressort par les furs Assises (2). Dans la suite, après la rédaction définitive des coutumes, on n'y jugea plus que les actions personnelles, à charge d'appel à Nancy « pour le pétitoire seulement » et les appels des sentences rendues

---

(1) *Principales coustumes*, édition Bonvalot, p, 74.

(2) Luxer, *Les principales institutions judiciaires de la Lorraine; Principales coustumes*, édition Bonvalot, p. 29. Au temps de Le Thierriat, on allait en appel en tous les cas, à l'hôtel Monseigneur le Duc, à Nancy, Fabert, *Remarques*, p. 7; Résultats des États généraux du 20 juin 1529, dans les manuscrits 233, p. 194; et 102, p. 51 de la Bibliothèque de Nancy.

par les justices inférieures entre toutes personnes et
en dernier ressort (1). En parlant des bailliages,
nous avons vu ce qu'étaient devenues plus tard ces
furs Assises.

Les Assises du bailliage d'Allemagne se rassemblèrent toujours fort irrégulièrement ; en 1519, elles
avaient cessé de se réunir, et les affaires qui auraient
été de leur compétence, c'est-à-dire les faits réels,
étaient examinées à Nancy. Mais on était bien
éloigné de ce siège, et souvent au lieu de s'y rendre
les parties préféraient avoir recours à l'arbitrage, ou
porter leurs contestations au bailli de Vaudrevange,
qui, de son côté, cherchait à diminuer le plus
qu'il pouvait les prérogatives des Chevaliers. Ceux-ci
réclamèrent, et Charles III, se rendant à leurs objur-
gations, rétablit par ordonnance du 3 mai 1581 les
Assises du bailliage d'Allemagne, « interrompues
depuis quelques années en ça, par la malice du temps
et autres occasions survenues (2) ». On y connaîtra,
dès lors, de « toutes matières et actions personnelles,
réelles, mixtes, possessoires et pétitoires » qui se
rapporteront à des droits seigneuriaux. L'appel des
sentences rendues en ces cas sera porté aux Assises de
Nancy. Les Assises d'Allemagne, outre ces matières
féodales, jugent en dernier ressort les causes des
personnes roturières déjà examinées « par les justices
inférieures et domiciliaires des parties » en première
instance, et par les mères cours en seconde instance.

---

(1) Rogéville, *op. cit.*, I, 43.
(2) Rogéville, *op. cit.*, I, 40.

Le coutumier de 1594 modifia le droit d'appel dans les causes féodales, et l'article 5 du titre premier établit que les Assises d'Allemagne y jugeront souverainement au possessoire. Mais le Recueil de Style de procédure qui suivit les coutumes dit au contraire qu'on pourra appeler au pétitoire et possessoire, sans parler des actions personnelles ; il faut donc supposer qu'il vint ici abroger les dispositions de l'article 5, et que ce fut seulement pour les actions personnelles que les Assises exercèrent leur droit de justice souveraine (1).

Les Assises de Nancy avaient la même compétence que celles des Vosges, dans les causes féodales, mais elles les jugeaient souverainement même au pétitoire. Les procès entre le duc et les seigneurs étaient connus par elles, exclusivement, et elles revisaient en appel les sentences des justices inférieures du bailliage, qui en Vosges étaient soumises aux furs assises et en Allemagne au bailli (2). De plus, comme nous l'avons vu, elles siégeaient comme cour d'Appel des deux autres sections. En ce cas elles prenaient un nom particulier, c'était le droit de l'Hôtel Monseigneur le Duc, à cause du lieu où elles siégeaient et parce qu'alors elles rendaient la justice au nom du souverain.

A l'origine, devant les Assises de la Chevalerie, la procédure dut être orale, comme devant les autres tribunaux. Mais dans la suite les procès s'y dérou-

(1) Meaume, *Assises de la Chevalerie*, p. 39.
(2) *Principales coustumes*, p. 18.

lèrent au moyen d'une procédure longue et compliquée que le coutumier de 1519, le Style de procédure de 1595, et la Dissertation de l'avocat Guinet nous rapportent minutieusement.

La demande était introduite par une *requise d'ajournement* adressée au bailli, qui l'autorisait par une ordonnance, transcrite au greffe avec la requise. Ces ajournements, ou sommations de comparaître à jour fixé, devaient être faits d'après un usage fort ancien par une personne de qualité égale à celle de l'ajourné (art. 2, tit. III du Style), par un gentilhomme à un gentilhomme, par un prélat à un prélat, par un ecclésiastique à un ecclésiastique, un noble à un noble. Lorsque des villes, communautés, des francs, bourgeois et roturiers, étaient en cause, c'était un sergent qui était chargé de la sommation (1). A ce premier ajournement il était loisible au défendeur de ne pas répondre, pas plus qu'à un second et à un troisième, faits dans les mêmes formes. Si cela se produisait, le bailli, de ce requis, faisait faire proclamation par le sergent, qui alors appelait par trois fois le défaillant à l'huys de la salle des Assises. Aux deux sessions suivantes on refait des proclamations, si le défendeur continue à ne pas venir, et ce n'est qu'après la sixième remise, que le demandeur obtiendra gain de cause. Jusqu'à la fin du XVIᵉ siècle, ces divers défauts ne faisaient encourir aucunes déchéances, on n'avait

---

(1) Cet usage avait cours en France au XIᵉ siècle. Mais bientôt les légistes arrivèrent à dire que sergent du roy valait noble. Voir *Dissertation sur la noblesse*, au tome V de l'*Histoire de Lorraine* de Dom Calmet, col. CCXLVII.

qu'à payer, lorsqu'on se présentait tout à la fin, cinq marcs d'argent par proclamation à titre d'indemnité.

Le Recueil de Style de 1595 réduisit le nombre des ajournements et proclamations à quatre, et décida que le défaut prononcé après le second ajournement empêcherait le défendeur de se prévaloir des fins déclinatoires « comme d'incompétence de juges et de renvoy » ; celui prononcé après le troisième, des fins déclinatoires, « comme de non respondre, non recevoir et de litispendance ». Après le quatrième, le procès est gagné par le demandeur (1).

Lorsque l'ajourné comparaît au moment utile, le plaignant présente sa demande, et réclame un délai pour la mettre par écrit. Cela s'appelle demander « jour d'advis ». A la session suivante, elle est présentée et lue par le greffier qui l'a consignée sur son registre, et elle doit être conforme à celle faite oralement, sous peine d'être corrigée en ce sens par le bailli et les gentilshommes. A ce moment, des incidents peuvent surgir, qui retarderont la marche de l'affaire par de nouveaux délais ainsi si l'on soulève l'exception de garantie, ou si l'on réclame une enquête, des vues de lieux ou jours d'assein (2). Ces incidents réglés, les conclusions sont enfin déposées. C'est la phase de la procédure connue dans l'ancienne chicane sous le nom d' « appoinctement en droict », après laquelle aucuns faits, pièces et titres quelconques ne peuvent plus être produits.

---

(1) *Style*, tit. III, art. 1 et 2.
(2) *Style*, III, 4 et 5.

Ces conclusions étaient développées par les parties, plus tard par des avocats. Les Chevaliers quittaient aussi quelquefois leurs sièges de juges pour venir plaider la cause de leurs amis ou des plaideurs pauvres, mais cet usage tomba en désuétude et on voulut même l'abroger tout à fait lorsqu'un Chevalier s'en prévalut en 1629 (1).

Le procureur général qui doit, comme on l'a vu d'après l'article 3 du règlement du 4 décembre 1532, assister à toutes les séances « s'il n'est hors de la ville ou en voyage pour les affaires de nostredict Seigneur », n'intervient dans le débat que si son maître y est intéressé, et agit alors comme un simple avocat (2).

Les plaidoiries finies, l'affaire va être examinée. Le bailli jusque-là a eu la présidence de l'assemblée, mais quoique Chevalier il n'a pas le droit de prendre part à la délibération ; aussi commet-il pour le remplacer un gentilhomme, et se retire de la salle avec le public (3). Ce gentilhomme ainsi commis prend le nom

---

(1) René II érigea en 1506 la fonction d'avocat des pauvres en charge de cour aux appointements de 50 francs par an. C'est l'origine de notre assistance judiciaire, qui exista en Lorraine avant qu'on la pratiquât en France. Quand les avocats furent constitués en un ordre, leur confrérie de Saint-Yves et de Saint-Nicolas fut chargée par le duc Henri II en 1613 d'assister les indigents. En 1750 une chambre de consultations fut créée dans le même but d'assistance pour les affaires civiles. Meaume, *Assises de la chevalerie*, p. 62 ; d'Haussonville, *Histoire de la réunion de la Lorraine*, I, p. 27 et 28 ; Luxer, *Institutions judiciaires de la Lorraine* ; Bonvalot, *Principales coustumes* ; *Dissertation sur la noblesse* dans Dom Calmet, *Histoire de Lorraine*, V, col. CCLIV.

(2) Ordonnance du 4 décembre 1532, rapportée par Rogéville, *Dictionnaire des Ordonnances*, II, 225.

(3) Cela se voit fréquemment dans les anciennes justices. Nous avons vu les prévôts et les maires jouer ce rôle de présidents ne

d'échevin, et c'est lui qui va diriger les débats. Tous les « tiltres et muniments » sont examinés, on les discute, et s'il en est besoin on appelle quelques bons avocats ou des gens savants en droit pour éclairer la justice. Puis on passe aux voix, et le jugement ne peut être rendu que si l'une des parties réunit en sa faveur un grand nombre de suffrages. Sans exiger l'unanimité complète, comme cela se faisait à Metz et se fait encore dans le jury anglais d'après de vieilles coutumes germaniques, il fallait que le nombre des opposants fût moindre que trois. Si ces conditions étaient remplies, l'échevin faisait rentrer le bailli et le public dans la salle d'audience et prononçait l'arrêt, qui commençait par ces mots : « Monseigneur le Bailly, je reviens de mon eschevinaige et treuve par tous MM. les Nobles par moy et sans débats que.... » Si cela se passait à Nancy, ou en Allemagne et en Vosges pour les causes jugées définitivement, il terminait ainsi : « Et ainsy le dict et par droict », c'est-à-dire cela est inattaquable, cela doit être regardé comme une loi. Aux Assises de Vosges et d'Allemagne, dans les jugements qui pouvaient être attaqués, la formule finale était changée en la suivante : « et ainsy le dict et par semblant », c'est-à-dire, tel est notre avis, cela nous semble être le droit, sauf l'avis de nos collègues de Nancy.

Mais il pouvait arriver que les avis différassent sur le jugement à rendre, en ce cas, s'il se trouvait une

jugeant pas. On les retrouve dans d'autres tribunaux. Ainsi à Senlis, le bailli pour des assises différentes. De Rozières, *L'Assise du bailliage de Senlis*, Paris, 1892, in-8°, p. 11 et 12.

minorité de trois opposants, l'affaire était arrêtée, il y avait ce qu'on appelait *débat ou contrariété*, aucun arrêt ne pouvait être rendu, et le gentilhomme échevin se bornait à dire laconiquement lorsque la séance était de nouveau publique : « Monseigneur le Bailly, je reviens de mon eschevinaige ». L'échevin à lui seul peut aussi arrêter le jugement, quand bien même tous les Chevaliers seraient d'un avis contraire au sien ; il peut ne pas se laisser convaincre, et croyant à la justesse de son opinion, remettre l'affaire à une autre session ce qui s'appellera « restraindre ou retaindre son eschevinage (1) ». Dans ces deux cas le prononcé du jugement est ajourné à la plus prochaine séance des Assises, où l'affaire sera examinée suivant les mêmes principes. Si trois gentilshommes ou l'échevin restent irréductibles, on renverra encore une fois, et on ne passera outre à l'opiniâtreté des opposants, en jugeant à la pluralité des voix, qu'au troisième examen.

Toute cette procédure que nous venons d'examiner était celle employée dans les affaires venant en première instance dans les Assises des trois bailliages, sauf des différences dans les formules du jugement que nous avons signalées, et d'autres tenant à la composition des furs Assises. C'est ainsi qu'à Vandrevange, le bailli jugeait. Il nous reste à examiner dans quelles formes étaient vidés les litiges portés en appel aux Assises. Les sentences des sections de Vosges et d'Allemagne, non rendues dans les cas cités plus haut,

---

(1) *Style*, tit. Ier, art. 11 ; Lionnois, *Histoire de Nancy*, I, 320.

« sur incident non important le principal de la cause » mais « irréparables en définitive », on pouvait interjeter appel incontinent suivant l'ancien usage. Dans un délai de quarante jours, on dépose pour garantir l'amende de fol appel qui pourra être prononcée, une somme de vingt-deux sols au greffe de l'Assise de première instance (1). A la séance la plus proche du dernier jour de ce délai pendant lequel l'intimé devra relever l'appel, les parties déposent leurs pièces et leurs appointements en droit ou conclusions telles qu'elles ont été plaidées. On vérifie si ces conclusions n'ont point été altérées, et si l'une n'est pas reconnue par les parties, conforme à celle déposée en première instance, les Chevaliers s'en assurent et décident « que les escripteures sont bien », sinon font *râcler* ce qui y a été ajouté. Appointements de droit, procès-verbaux d'enquêtes, et autres titres qu'il y aurait lieu d'y joindre, sont mis en sac avec l'argent versé par les plaideurs dont le rôle est fini. Le bailli confie ce sac à un gentilhomme, qualifié lui aussi d'échevin, qui est chargé de le porter à Nancy. Le bailli de ce lieu en fait faire l'ouverture, communique ce qu'il renferme aux Chevaliers, qui décident, dans les mêmes formes qu'en première instance, « si la sentence est bonne » ou doit être réformée. « Ledit eschevin vient prononcer et déclarer audict sieur bailly ce qu'il en treuve et comment faire s'en doit. » On transcrit la décision d'appel à la suite du premier

---

(1) Ce délai fut de quatre semaines, et l'amende de six francs, d'après le *Style de procédure*, VIII, § 1 et 2.

jugement, et on le remet avec les pièces à l'échevin qui l'a apporté de Mirecourt ou de Vandrevanges. Quant à l'argent, celui déposé par le gagnant lui était renvoyé, l'autre était donné en partie au greffier, en partie aux gentilshommes juges, qui le plus souvent, paraît-il, l'abandonnaient aux pauvres. L'arrêt était ensuite rapporté aux Assises de premier ressort, et à leur première session il en était donné connaissance aux parties.

Lorsque l'appel venait d'un siège bailliager, d'une justice inférieure, Change, échevinage ou mairie, c'était le lieutenant de bailli du ressort qui apportait le sac contenant les pièces et l'argent consigné pour le fol appel (1). Le bailli, en ces cas, avait un rôle actif, restait à la délibération, et rendait le jugement avec les gentilshommes. Sauf la présence de celui-ci, qui après avoir opiné recueillait les suffrages, les choses se passaient comme lorsqu'il s'agissait de réformer des jugements d'Assises ; mais l'arrêt était rendu au nom du duc (2), d'après les coutumes et usages du tribunal de première instance. Il suffisait de la présence de sept gentilshommes ; toutefois si l'affaire était d'importance ou s'il y avait *contredict d'opinion,* elle pouvait être renvoyée à une autre session pour être examinée par un plus grand nombre de juges.

---

(1) 17 sols. *Style des assises ;* Meaume, *Assises,* p. 60, puis 20 sols, 7 pour le bailli, 13 pour les chevaliers. Leseure, *Dissertation.*

(2) Beaupré, *Essai sur la rédaction des coutumes,* p. 131 ; *Dissertation sur la noblesse de Lorraine* dans Dom Calmet, *Histoire de Lorraine,* V, col. CCXLVI.

On présume quelles lenteurs devaient résulter de cette procédure compliquée et minutieuse. Quel parti les chicaneurs pouvaient en tirer, et l'on comprend l'apostrophe de Florentin le Thierriat (1) : « Car de vérité, dit-il, cette usance commencée sur la preud'-hommie et capacité de la Noblesse ancienne, s'estant continué aus biens et mauvais, aus capables et inca-pables, a mis un tel changement en la justice que le bœuf ou la vache, et le maistre mesme sont plus tost morts, le meuble usé et la maison périe que le procès jugé. Les grands du pays nais à de plus grandes choses, et les petits exercés à des moindres ne sçavent pas la forme des procédures et ne s'y veullent point employer, toutes fois ne trouvent pas bon que d'autres en usent. » Il les invite donc à se réformer, à s'ins-truire dans le droit, ou à s'adjoindre « des gens doctes et preud'hommes ». Ce faisant « ils deschargeroient leur conscience envers Dieu et leur réputation envers les hommes, et s'acquitteroient dignement de la charge à eux commises... Sinon si le mauvais ordre y continue, je croy qu'il enfantera le bon ordre et qu'on pourra dire à bon droict que contre l'erreur des-couvert il ny aura moyen de les deffendre de leur prescription, ny de cette coustume ; choses que ne peuvent valloir contre les droicts de souveraineté et du bien public ». Tout en faisant la part de l'exagéra-tion, mise par le Thierriat dans ces lignes en sa qualité de légiste ennemi des juridictions féodales, et peut-être excité par le souverain, on doit y reconnaître

_____

(1) *Remarques de Fabert*, p. 6.

quelques vérités. Surtout qu'à l'époque où elles ont été écrites, les Assises étaient en pleine décadence, et que le peu d'assiduité des Chevaliers à remplir leur devoir de juges augmentait encore les lenteurs d'une justice compliquée déjà par une procédure surannée.

Guillemin, autre légiste, n'est guère plus tendre dans sa vie manuscrite de Charles IV. D'autres, au contraire, comme Guinet, en sont d'ardents défenseurs. Toutes ces opinions ont été trop souvent rapportées pour qu'il soit utile de les répéter ici (1). Nous penserons peut-être comme Guinet, et dirons avec Lionnois : « Nos anciens Chevaliers ignoraient peut-être cette foule de lois qui, faite pour ôter des ressources à la chicane, ne sert que trop souvent à lui en fournir. Mais ils avaient des principes d'une jurisprudence fixe et assurée... Le long intervalle de six siècles pendant lequel ils ont été nos juges, ne peut nous laisser douter de leurs lumières et de leur intégrité (2). »

---

(1) Guinet dans les entretiens de Champigneulles. Voir, dans Dom Calmet, *Histoire de Lorraine,* III et V, *Les dissertations sur la jurisprudence et la noblesse.* Ces appréciations sont rapportées par d'Haussonville, *Réunion de la Lorraine,* I, p. 22 et suiv. ; Lionnois, *Histoire de Nancy,* I, p. 320 et suiv.

(2) Lionnois, *op. cit.,* I, p. 325.

Chapitre VIII

~~~~~~~~~~

Les nouveaux Bailliages

~~~~~~~~~~

Nous avons dit qu'en annexant à la Lorraine de nouvelles contrées, les ducs leur conservaient toutes leurs institutions. Dans quelques-unes ils trouvèrent établis des baillis auxquels ils gardèrent leur compétence *ratione materiœ* et *ratione loci*. C'est ainsi qu'aux trois grands bailliages primitifs vinrent s'adjoindre, au xve siècle, ceux du Barrois, de Vaudémont, de Châtel, d'Épinal, au xvie, ceux d'Hattonchâtel, Apremont et Clermont.

Le Barrois réuni à la Lorraine par le mariage de René d'Anjou et d'Isabelle, en 1431, était divisé en trois bailliages, Bar, Saint-Mihiel et Bassigny. Les deux premiers établis vers le xiiie siècle et le dernier vers le xive (1). Les fonctionnaires qui les dirigeaient

(1) Lepage, *Offices du duché de Lorraine*, p. 104, 106 et 110 ; Servais, *Recherches sur le château de Bar*, dans les Mémoires de la Société des lettres, sciences et arts de Bar-le-Duc, 1re série, t. VII, p. 99.

étaient, comme leurs collègues lorrains, de hauts personnages, assistés comme eux de lieutenants depuis le xve siècle (1), et jouissant des attributions diverses, financières, administratives, militaires et judiciaires dont nous avons parlé. Ils connaissaient de même des causes des personnes privilégiées (2), cependant leurs pouvoirs étaient plus étendus à l'égard des appels, puisque tous les jugements rendus au civil et au criminel par les prévôts et mayeurs pouvaient être réformés par eux. Mais on pouvait, comme on le verra, appeler de leurs arrêts, soit au Parlement de Paris, soit aux Grands Jours de Saint-Mihiel selon la situation des tribunaux qui avaient jugé en premier ressort. Ils rendaient leurs sentences en des assises, sur lesquelles nous n'avons pas de détails, et où l'on peut présumer qu'ils étaient assistés d'échevins ou plutôt des fonctionnaires des pré-vôtés (3). Dans le bailliage de Bassigny, ces assises étaient ambulatoires et se tenaient tour à tour à chaque chef-lieu de prévôté : Conflans, Châtillon-sur-Saône, la Marche, Saint-Thiébaut et Gondrecourt, et dans la sénéchaussée de La Mothe et Bourmont. Elles y avaient lieu de trois ans en trois ans, « subsécutive-ment et en suivant l'ancien ordre », après avoir été annoncées quarante jours auparavant. Tous les offi-ciers devaient y assister : Sénéchaux, prévôts, pro-cureur général du Bassigny et son substitut, fonc-

---

(1) Lepage, *op. cit.*, 146, 147 et 149.

(2) Dumont, *Justice criminelle*, I, p. 100 et 104.

(3) Ordonnance du 11 novembre 1497, Rogéville, *Dictionnaire des Ordonnances*, 1, 379.

tionnaires des communautés : maires, échevins et banwards. Des arrêts rendus en ces assises on se pourvoyait à Paris ou à Sens pour les prévôtés et à Saint-Mihiel pour la Sénéchaussée (1).

Pour ces trois bailliages étaient établis un procureur général à Bar et un autre dans le Bassigny, dès le xvᵉ siècle. Ces membres du ministère public dont l'origine est la même que celle de leurs collègues de Lorraine, étaient les chefs de parquet du bailliage, des substituts les assistaient. Il existait, en outre, un procureur général du Barrois, mais ils n'en dépendaient pas. On en parlera en traitant des Grands Jours (2).

Après avoir été libre, la ville d'Épinal s'était placée sous la protection des Évêques de Metz, dont elle se délivra en 1444, se donnant à la France. Louis XI, trouvant cette possession trop éloignée, l'abandonna et permit aux Spinaliens de choisir un autre protecteur. Ils élurent, en cette qualité, Jean de Calabre, et la ville alors fut rattachée au duché de Lorraine, restant toujours une circonscription à part, régie par ses coutumes et gardant ses institutions. Jusqu'à la cession faite à Charles VII, il y avait à Épinal un voué des Évêques de Metz, ayant les attributions d'un bailli. Les procès y étaient jugés en dernier ressort

---

(1) Beaupré, *Rédaction des coutumes*, p. 34.

(2) Lepage, *Offices*, p. 131, 155 et suiv. Ces bailliages furent supprimés en 1685, celui de Bassigny fut cependant rétabli en 1692. Les attributions des baillis et des procureurs généraux du Bassigny sont réglées aux *Styles de procédure* qui suivent la coutume de ce bailliage, titre I et II de chaque *Style*. Celles du procureur général de Saint-Mihiel au titre II du *Style* de ce bailliage.

par le prévôt ecclésiastique et l'échevin, ou par les maire, échevins, gouverneurs et conseillers élus chaque année par les bourgeois (1).

Le 13 septembre 1444, Georges Dailly fut pourvu par le roi Charles VII de l'office de bailli et de capitaine de la ville d'Epinal (2). Il devait connaître des appels des sentences du prévôt et des autres officiers : « Y aura un bailly de par nous (dit l'ordonnance), qui aura la congnoissance des causes d'appel et de ressort, et en jugera et déterminera selon les coustumes, usages, stilles et observances accoustumées, sans ce qu'ils soient tenus ressortir devant aucun autre bailly de nostre royaume, mais seulement pardevant nous, ou là où nous ordonnerons (3) ». Par un autre édit de mars 1446, le roi régla plus explicitement les cas d'appel, et organisa près du bailli un siège bailliager pour en connaître. Il adjoint à celui-ci les quatre gouverneurs élus de la ville « qui vraisemblablement sont et doivent estre gens notables et qui congnoissent et sçavent les us et coustumes de ladicte ville, notoirement gardés et observés en tels cas (4) ». Ils jugent sur ces pourvois à la majorité et en dernier ressort. Des plaideurs mécontents ayant essayé d'éluder la loi en ce dernier point, s'étant pourvus en troisième instance au Parlement de Paris, Charles VII vint rappeler en 1448 qu'il n'y

---

(1) *Coutumes d'Épinal*, édition Ch. Ferry, p. I et II.

(2) Lepage, *Offices*, 101 ; *Statistique des Vosges*, II, 187 ; Cf. *Documents de l'histoire des Vosges*, IX, 49 et s.

(3) Ferry, *Coutumes d'Epinal*, p. 10.

(4) Ordonnance de 1446, *op. cit.*, p. 13 et suiv.

avait aucun remède aux décisions du bailli et des gouverneurs (1).

Cette cour d'appel du bailliage d'Épinal fut maintenue le 22 juillet 1466 par Nicolas, marquis du Pont, au nom de Jean II, son père (2).

Les coutumes nous rapportent la procédure suivie lorsqu'on se portait appelant. On devait le faire sur le champ, en fournissant sûreté. Si celle-ci n'était pas fournie dans la huitaine, le jugement de première instance devenait définitif. Les plaideurs demandaient ensuite aux prévôt et échevins un délai pour rédiger des conclusions qui devaient être conformes à ce qui avait été plaidé. Sinon « s'il semble à l'une des parties que sa contrepartie ait plus fait escripre qu'il n'a plaidoyé verballement, requiert cela estre râclé et osté dudit appoinctement avant que de le fermer, et fault qu'il preuve l'avoir plaidoyé, en la forme et manière qu'il l'a escript, ou aultrement sera râclé. Et ainsy on en a veu user ». Lorsque les conclusions ou appointements étaient agréés, la procédure mise en sac était adressée à « Messieurs les baillys, quatre gouverneurs et gens du conseil de ladicte ville (3) ». Par ces derniers mots de la suscription, on voit que les conseillers d'Épinal s'étaient adjoints au bailli et aux gouverneurs.

Quoi qu'en dise M. Beaupré (4), cette juridiction

---

(1) Ordonnance du 24 mars 1448 rapportée dans les *Coutumes d'Épinal*, édition Ferry, p. 15 et suiv.

(2) Cf. *Coutumes d'Épinal*, édition Ferry, p. 17 et suiv.

(3) *Ibid.*, p. 29.

(4) Beaupré. *Rédaction des coutumes*, p. 140.

fonctionna. Cependant en 1605, les prévôt et échevins d'Épinal émettaient la prétention d'échapper à son contrôle et de rendre des arrêts souverains. Charles III vint rappeler qu'on pouvait se pourvoir aux bailli, quatre gouverneurs et quarante conseillers de la ville (1), auxquels il adjoignit le substitut du procureur général de Lorraine à Épinal, à condition qu'il fût bourgeois « demeurant et habitué » de cette ville, celui-ci ne pouvant siéger quand il est partie intéressée ou poursuivant d'office aux affaires soumises au tribunal. « Et s'il advient en la vuidange des appellations, qu'il a en qualité d'office, ou pour son particulier, se trouve partie, devra sortir au poinct de la résolution et décision d'icelles comme feroit un aultre particulier dudit conseil (2) ».

Le titre septième du style de procédure qui suit la coutume vint régler à nouveau les formes à suivre dans les pourvois. On pourra interjeter appel en tous cas, hormis au criminel, dès le prononcé du jugement ou dans la huitaine à condition de fournir une caution. Toute la procédure est mise en sac devant les parties « affin qu'il se puisse recognoistre s'il y a eu quelque chose obmise », puis le sac cacheté est envoyé « à honoré Seigneur Monsieur le Bailly et MM. les Gouverneurs, gens du Conseil d'Espinal » qui rendent un arrêt, contre lequel le seul remède est la plainte faute de justice au Conseil ducal, voie coûteuse et peu usitée. On voit que sauf la nomina-

---

(1) *Coutumes d'Épinal*, édition Ferry, art. XIV, titre Ier.
(2) *Ibid.*, art. XII, titre Ier, p. 112.

tion du bailli et l'examen des pourvois en cassation, le duc avait peu de part à l'administration de la justice au bailliage d'Épinal. Aussi ces institutions libérales furent-elles abolies en même temps que les Assises par Charles IV (1), et des gradués jugèrent à la place des anciens échevins et conseillers assesseurs du bailli.

Le bailli d'Épinal, outre la présidence du tribunal dont nous venons de parler, avait des attributions militaires et administratives comme ses collègues. La coutume de 1605 et un document du milieu du XVIIᵉ siècle (2), nous signalent sur celles-ci quelques particularités. « Il a l'authorité et prééminence par dessus tous les aultres officiers dudit bailliage », il choisit les quatre gouverneurs entre les deux listes à lui présentées par les conseillers de la ville ; il reçoit le serment de ces fonctionnaires et du substitut du procureur général, ceux des prévôt, échevins, gens de police, avocats et procureurs le jour des plaids annaux ; il a le droit d'assembler les bourgeois en armes, pour garder les portes ou empêcher les désordres, il crée et assermente les maires ducaux et les tabellions de son ressort ainsi que son lieutenant. La ville pour ses services a coutume de lui bailler « six écus d'or pour estraines » et deux mille fagots ou cent francs barrois « pour la valleur desdits fagots ». Sur chaque bête fauve tuée dans le bailliage, il est prélevé en sa faveur un quartier de

(1) Beaupré, *Rédaction des coutumes*, p. 184.

(2) Reproduit dans la *Statistique des Vosges* de Lepage et Charton, II, 197 et suiv.

venaison et toutes les semaines les fermiers de la pêche dans la Moselle, doivent lui apporter un plat de poisson pour les jours maigres (1).

Les comtes de Vaudémont avaient aussi institué des bailliages dans leurs domaines. Ils furent conservés lorsque le comté fut annexé à la Lorraine. C'étaient ceux de Chàtel et Vaudémont. Dans ce dernier, dont le chef-lieu fut plus tard Vézelise, on ne consigna pendant longtemps aucune procédure par écrit dans les mairies. Quand il y avait appel d'un jugement rendu par elles, on envoyait comme dans le reste du pays, trois ou quatre échevins « pour rapporter de bouche lesdicts procès et déposicions desdicts témoins oyes ès dictes causes ». Les juges de la mairie du second ressort « après avoir oy et entendu le mérite desdictes causes et procès à eulx ainsi relatéz, rechargeoient de bouche à ceulx qui estoient envoyés devers eulx leur semblant sans aussy en rien bailler par escript ». René II, par ordonnance du 26 janvier 1507, considérant que les échevins rapporteurs exigent abusivement dix livres tournois pour leur voyage, et que, « n'est à doubter que beaucoup de fois ceulx que par cy devant ont été commis et envoyés ausdicts ressors pour rapporter lesdicts procès, n'ayent obmis et oblié par chemin la plus part des drois alléguez et prouvez par les parties, et les semblans que leur estoient déclairez esdicts ressors, au moyen de quoi plusieurs grans abus et faulte de justice y ont esté commis au

---

(1) Art. X, XI, XIII, titre I⁰ᵉ de la *Coutume*, édition Ferry, p. III ; Lepage et Charton, *op. cit.*, II, 197.

grant détriment des pouvres parties qui, par aven-
ture avoient le meilleur et plus apparent droit. »
Aussi comme « la mémoire de l'homme est foible et
qu'il est très difficile de pouvoir à ung, deux, troys,
ne à plusieurs personnes, rapporter en leur entende-
ment ne en leur bouche ung ou plusieurs procès.....
sans aucune chose obmettre et oblier », ordonne pour
éviter les frais et pour abréger la justice que « les
procès... ne seront plus renvoyez ez villes que l'on
disoit estre de premier ressort pour illecques prendre
leurs drois » et on pourra « appeler de droit coup à
leur dernier ressort par devant nos baillis et conseillers et nobles dudict comté en nostre hostel de Vaudémont », où les procès mis par écrit seront portés
par un échevin (1).

Le tribunal de *l'hostel de Vaudémont* était le siège
bailliager. Le bailli qui avait une situation pareille à
celle de ses collègues le présidait mais n'y avait
aucune *judicature ou juridiction*. Les comptes du
domaine de Vaudémont, à la date de 1583, nous
éclairent sur la composition de ce siège, qui prend aussi
le nom d'Assises. Elles tiennent séance à cette
époque à Vézelise, au lieudit « parquet de la huge
des poignats », de quinzaine en quinzaine. Elles sont
composées des *quatre coutumiers :* lieutenant de bailli,
procureur général, un maître échevin et un clerc juré
qui sont les seuls juges. Ils décident en première instance « de toutes actions civiles, personnelles et mixtes

---

(1) Ordonnance rapportée par Lepage, *Communes de la Meurthe,*
II, 627.

pour droits seigneuriaux ou autres, et celles réelles qui s'intentent par et entre gentilshommes et personnes nobles pour héritages ou fiefs et choses en dépendant ». Seulement en dernier ressort, sur appel ou non, « des matières de délits et crimes, d'injures, spoliation, serment locqué et choses jugées ». Dans les autres cas, on peut appeler au duc « appelés à la vidange d'icelles les vassaux tenant fiefs et ayant hommage audit comté, qu'il plaît à nostre souverain seigneur, nommer choisir et élire ». C'est sans doute le Conseil dont parle l'ordonnance de René II de 1507 (1).

Dans le bailliage de Châtel, l'appel se portait à la *halle* du chef-lieu, devant les maires, échevins et bourgeois du lieu, pour de là aller en dernier ressort au Conseil dont nous venons de parler ou à une succursale qui semble avoir été établie à Châtel. Nous verrons le tribunal bailliager dans un tribunal spécial qui se rassemblait à Châtel, sous la présidence du bailli. Il était composé de prévôts et autres officiers du bailliage, des maire et échevins du chef-lieu, des maires de Morville, Rehoncourt et Hallainville. Les causes criminelles du ressort étaient portées devant eux, mais les maires des trois dernières communes citées et l'échevin de Châtel sentenciaient seuls. De même, d'après une ordonnance du comte de Wurtemberg, de 1511, tous les procès « concernant réalité » sont

---

(1) Comptes du Domaine de Vaudémont, 1583, Lepage, *Communes de la Meurthe*, II, 629 et suiv. ; Bonvalot, *Histoire du droit et des institutions de la Lorraine*, I, 358. Voir aussi Beaupré, *Documents inédits sur la rédaction des coutumes de Vaudémont*.

instruits par eux selon le style du comté de Vaudémont. Le bailli, à côté des attributions ordinaires,
avait une compétence personnelle pour les *faits et
droits seigneuriaux*. Les jugements rendus par lui
en ces matières pouvaient être réformés à la halle, puis
au buffet (1).

Dans le bailliage de Clermont, séant à Varennes,
le bailli, assisté d'un lieutenant, est le juge des nobles
et des magistrats de son ressort. Il donne sauvegarde
particulière et connaît « de l'enfreinte d'icelles », il
donne lettres de débit « qui sont mandements généraux », institue les sergents et notaires. Il possède, en
outre, les pouvoirs ordinaires d'un bailli (2). Les
bailliages d'Apremont et d'Hattonchâtel n'offrent rien
de particulier à signaler. Disons cependant que du
bailliage d'Apremont on pouvait appeler au droit de
Sainte-Croix à Verdun.

(1) Lepage, *Statistique des Vosges*, II, 110, et *Communes de la
Meurthe*, II, 442 ; Bonvalot, *op. cit.*, 358.
(2) *Coutume manuscrite de Clermont*, art. 1, 3, 31, 32.

Chapitre IX

~~~~~~~~~~~~~~

La Mouvance. Les Grands Jours de Saint - Mihiel et la Cour souveraine

~~~~~~~~~~~~~~

Nous avons vu qu'en 1431, par suite du mariage de René d'Anjou, duc de Bar, avec Isabelle de Lorraine, les deux duchés avaient été réunis sous une même couronne, et que l'ancienne division du Barrois et du Bassigny en trois bailliages avait été conservée, ainsi que toutes les institutions existantes lors de cette réunion. Nous avons vu également que les baillis tenaient des assises où ils connaissaient des appels des prévôtés. Il nous reste à examiner les juridictions où l'on se pourvoyait des jugements des baillis. C'étaient dans le Barrois et Bassigny mouvant, rive gauche de la Meuse, les juridictions françaises, et dans le reste du territoire les Grands Jours de Saint-Mihiel.

Comment les tribunaux français avaient-ils juridiction sur une possession étrangère au royaume ?

Jusqu'au commencement du xive siècle, les comtes de Bar avaient possédé leur domaine sans reconnaître la suzeraineté d'aucune puissance, prétendant ne dépendre que de Dieu et de leur épée. Mais dans les dernières années de xiiie siècle, Henry III de Bar s'était joint à son beau-père, le roi d'Angleterre, dans ses entreprises contre la France. Philippe le Bel le battit et lui fit subir une captivité de plusieurs années. Pour prix de sa liberté, Henry dut accepter à Bruges, « le jour des Octaves de la Trinité, l'an de grâce mil trois cent un » les dures conditions imposées par le vainqueur (1). Entre autres, il fut obligé de rendre hommage pour les terres qu'il possédait « en deça de la Meuse vers le rayaume de France ». Cette rive gauche forma dès lors la partie du duché connue sous le nom de Barrois et Bassigny mouvant, auxquels s'ajoutèrent diverses possessions antérieurement vassales de la France. Ce traité donna lieu jusqu'aux derniers jours de l'indépendance de la nation lorraine, à de nombreuses contestations où le plus fort eut naturellement presque toujours le dernier mot. On n'y parlait que de l'hommage, et non du ressort, qui était chose bien distincte, et il semblait bien que la souveraineté des ducs n'était pas atteinte en ce point et qu'à leurs tribunaux seuls devaient appartenir la connaissance des appels du pays. Mais

---

(1) Ce traité est rapporté par Rogéville, *Dictionnaire des Ordonnances*, I, 70, 71. Voir aussi Troplong, *Souveraineté des ducs de Lorraine sur le Barrois*, p. 27 et suiv. On prétend aussi que Henry de Bar ne subit pas de captivité et accepta librement le traité ; voir Lemaire *Démêlés des moines de Beaulieu avec les comtes de Bar* (Société des lettres, sciences et arts de Bar-le-Duc, 1re série, t. II, p. 127).

les légistes français, grands ergoteurs et chicaneurs, étaient là, ne laissant passer aucune occasion d'aug-menter les pouvoirs de leur prince. Les chicanes commencèrent de leur part quand René d'Anjou fut fait prisonnier à Bulgnéville et emmené en Bour-gogne. De plus, Louis XI, occupant vers 1475 le Barrois à titre précaire, sut en profiter pour attirer à ses tribunaux les causes du Barrois (1). Ce qui facilita encore la chose, en ce temps où l'incertitude régnait quant aux tribunaux à consulter, fut l'habitude prise par les gens du Barrois de s'adresser souvent aux juri-dictions françaises à cause de leur réputation de savoir et d'intégrité. Le bailliage de Sens trancha parfois des procès de cette manière. Les relations étaient faciles avec cette ville, où était établi le ressort d'appel de Beaumont en Argonne, où les échevinages des villes affranchies allaient fréquemment se consulter, et où l'on se pourvoyait en certains cas (2). Il était donc tout naturel qu'un plaideur, cher-chant à faire casser un jugement de Beaumont qui le mécontentait, s'adressât au tribunal d'appel de cette localité. Rien ne réglait ces usages, mais les rois de France cherchaient à les rendre obligatoires. Un projet de traité de 1539 (3), entre François Ier et Antoine, nous apprend qu'à ce moment les habitants de la Mouvance

---

(1) Michel Thévenin, *Loi salique* ; Bonvalot, *Histoire du droit et des institutions de la Lorraine*, I, 341.

(2) Marchand, *Des anciennes juridictions de Saint-Mihiel*, dans le Bulletin de la Société d'archéologie lorraine, t. V, p. 21 ; Thibault, *Histoire des lois bénéficiaires de la Lorraine*, p. 167 ; Troplong, *op. cit.*, p. 43 et suiv.

(3) Troplong, *op. cit.*, p. 98.

«avaient l'option de rélever leurs appellations par devant les juges royaux ou aux Grands Jours de Saint-Mihiel à leur choix ». Le projet détruisait cette faculté et voulait qu'à l'avenir « les bailliages de Sens, Vitry, Chaumont, Troyes et autres juges royaux fussent seuls compétents ». Ce traité ne fut pas signé et les contestations continuèrent.

En 1563, les commissaires des deux pays ne purent s'accorder. L'année suivante, Charles IX étant venu à Bar, le grand aumônier Amyot fit ouvrir les prisons, usant ainsi du droit qu'avait un souverain entrant dans une ville où il jouissait de la juridiction supérieure.

Le duc Charles III eut bien soin, à la suite de cet acte, de se faire délivrer des lettres de non préjudice, stipulant que cela ne pouvait préjuger de sa part aucune reconnaissance des prétentions du roi de France (1). Des pourparlers eurent lieu quelques années après entre les deux souverains. Ils aboutirent, le 25 janvier 1571, à un concordat (2). Désormais, en appel, les sentences des baillis de Bar et du Bassigny « ressortiront immédiatement en la Cour du Parlement de Paris, sinon que pour les petites causes n'excédantes la somme dont les juges présidiaux ont accoutumé de connoitre », et où le duc n'est pas intéressé, elles seront portées au bailliage et siège présidial de Sens. Il en sera de même des causes

---

(1) Troplong, *op. cit.*, p. 100.

(2) Rapporté par Rogéville, *Dictionnaire des Ordonnances*, I, p. 72 et suiv. Voir Saint-Mauris, *Études historiques sur la Lorraine*, I, 377, 378.

de la prévôté de Gondrecourt qui allaient autrefois au bailliage de Chaumont.

Une déclaration du 13 février 1573 (1) confirma le traité, et défendit aux juges français de juger en première instance aucun procès du Barrois, par évocation, pour quelque cause que ce fût. Leur compétence est bornée à l'examen des pourvois en appel. Pourtant les magistrats français cherchèrent encore à augmenter leurs attributions. Aussi Henri II, par une déclaration du 8 août 1575 (2), vint rappeler que le concordat de 1571 n'impliquait pour le duc que le devoir de rendre hommage, que ses droits régaliens n'étaient aucunement diminués, qu'on devait laisser les procès se dérouler devant les juges du Barrois, maires, prévôts et baillis, sans les évoquer. Le Parlement de Paris et le bailliage de Sens ne pouvaient en connaître en dernier ressort qu'après épuisement de ces juridictions. Des lettres patentes du 3 mai 1578 (3) confirmèrent les ordonnances précédentes. En outre, comme les sergents ou huissiers français « ne laissent de tourmenter les sujets de son beau-frère, par plusieurs sortes d'exécution », Henri III leur défend de faire aucun exploit de saisie, arrêts, exécutions ou ajournements quelconques dans la Mouvance à peine de nullité et d'amende arbitraire.

---

(1) Rapportée par Rogéville, *op. cit.*, I, 76 et suiv.

(2) Rapportée par Rogéville, *op. cit.*, I, 79 et suiv. Voir Troplong, *op. cit.*, p. 103.

(3) Rapportées par Rogéville, *Dictionnaire des Ordonnances*, I, 82.

Telle était la situation judiciaire du Barrois mouvant. L'on peut penser qu'une grande lenteur devait en résulter. Elle offrait surtout de graves inconvénients au cas de procès criminels. Le transport à Paris des condamnés appelants, facilitait en effet les évasions et retardait l'œuvre de la justice. Il arrivait quelquefois, qu'une année ou deux s'écoulaient entre le crime et le châtiment (1). Dans les terres du Barrois non mouvant, les ducs de Bar puis ceux de Lorraine surent conserver pour eux l'exercice de la justice souveraine. Leur ingérence dans l'administration de celle-ci fut même plus grande qu'en Lorraine. Les Chevaliers n'y avaient pas acquis un rôle influent. Du Conseil du Prince, dont dérivèrent peut-être les Assises de la Chevalerie lorraine, résulta dans le Barrois un tribunal tout différent : les Grands Jours ou Hauts Jours de Saint-Mihiel (2).

Au début du moyen-âge, les ducs de Bar, comme tous les souverains, s'entourèrent d'un conseil, diversement composé de grands officiers et de vassaux. Ils tranchaient ainsi les litiges qu'on leur soumettait. Les plaideurs malheureux y cherchèrent un dernier recours. Cela de bonne heure, car l'appel, sous l'influence d'idées françaises, fut connu plus tôt au Barrois qu'en Lorraine. On a cherché l'origine de ce conseil sous le règne de Frédéric comte de Bar qui régna au xᵉ siècle. Il est fort possible que ce comte,

---

(1) Dumont, *Justice criminelle*, I, p. 96 et suiv.

(2) Ils étaient appelés ainsi par opposition aux *jours* ou assises tenus par les baillis et autres officiers inférieurs. Lepage, *Offices*, p. 159.

s'il n'est pas fabuleux, ait eu un conseil. Les princes
de tout temps s'éclairèrent des avis de leur entourage.
Mais nous ne savons si on y jugea des procès. Cependant nous accepterions plutôt cette opinion que
celle rapportée par Rogéville et soutenue par
M. Beaupré (1), qui suppose que les princes de Bar
instituèrent les Grands Jours, lors du traité de Bruges,
pour les pays non mouvants. Or nous avons vu que
le ressort ne fut réclamé que bien plus tard par les
tribunaux français.

Quoi qu'il en soit, les Grands Jours ne furent rassemblés d'abord que d'une façon irrégulière, quand cela
plaisait au prince. Souvent plusieurs années se passent
sans sessions. Une ordonnance de René d'Anjou, du
2 mars 1449, réglementa cette juridiction, et René II
confirma les dispositions prises par son prédécesseur,
le 11 novembre 1497 (2). Désormais ils se réuniront
tous les trois ans au moins, et l'époque de la séance
sera annoncée dans tous les villages. Celui qui aura
quelque plainte à faire s'adressera au procureur général du Barrois, qui l'assignera à comparaître après
information. Tous les baillis, leurs lieutenants, les
prévôts et greffiers du ressort devront se rendre aux
sessions avec tous les papiers de leur office. C'est eux
en effet, qu'on attaque, et ils doivent soutenir le bien
fondé de leurs décisions. Comme en Lorraine, aux
Assises, toutes personnes ayant affaire aux Grands
Jours sont en sauvegarde « en allant, séjournant ou

---

(1) *Essai sur la rédaction des coutumes*, p. 42 ; Rogéville, *op. cit.*,
I, 376 et suiv.

(2) Rogéville, *op. cit.*, I, 378 et suiv.

revenant, et non arrestables pour dettes par eux dues »,
excepté toutefois pour celles envers le duc. On y
examine les appels des jugements des prévôts et
baillis, et les plaideurs qui ont interjeté témérairement
l'appel sont punis d'une amende de trente francs s'ils
sont roturiers, de soixante s'ils sont nobles. A ce
moment les gentilshommes n'ont plus une prépondé-
rance exclusive aux Grands Jours. A côté d'eux, sous
la présidence du duc, siègent des robins et des
avocats (1).

La justice semble avoir été expéditive à la cour
de Saint-Mihiel. Voilà ce que nous en dit Bournon (2) :
« Ne fut Monseigneur Antoine en sa ville de Saint-
Mihiel que cinq jours, et ne fut causes présentées
esdits juges de Saint-Mihiel qui ne fût jugée et ne fût
présent ledit duc à toutes lesdites que furent appelées
et parfaites en nombre de huit cents. Ce qu'on a
peine à croire et certes oncques ne vit on en justice
si grands démêlés, et ne furent gens qui fussent en
droit d'en porter plaincte. » Ce fut la dernière fois
qu'un duc présida les Grands Jours (3). En 1532, on
établit à Saint-Mihiel une commission pour les remplacer, des décisions de laquelle on pouvait appeler
au Conseil ducal. Ce nouveau tribunal ne se réunit
pas souvent, à cause « de la malignité des tems ». Il
fut réorganisé par Charles III, lorsque les difficultés
avec la France relatives au Barrois mouvant furent

(1) Dumont, *Justice criminelle*, I, 100.

(2) *Coupures*, édition Cayon, p. 37.

(3) Rogéville, *Histoire du Parlement de Nancy*, p. III, dans le
Dictionnaire de jurisprudence.

réglées. Son ordonnance du 8 octobre 1571 (1) crée
« par forme de siège permanent et perpétuel, un jugement souverain, stable et recéant en nostre dite ville de
Saint-Mihiel, pour cognoistre, décider, et mettre à
exécution tous les procès et causes desquels le cour et
cognoissance en pourront venir auxdits Grands
Jours, et en dernier ressort, sans aulcun remède ». La
noblesse est évincée, et Charles III constitue un Parlement qui prit le nom de Cour souveraine, modelé
sur ceux qu'il avait pu apprécier en France. Il promit
bien de tenir encore de Grands Jours en personne .
quand cela sera nécessaire, mais il se garda de tenir
cette promesse et n'écouta pas les faibles protestations
des gentilshommes réunis à Etain (2).

La nouvelle Cour est composée d'un président, de
quatre conseillers, d'un greffier et de deux huissiers.
Il leur est alloué « par chacun an pour leurs gages et
estats, à sçavoir audit président huit cents frans, et à
chacun desdits conseillers quatre cents frans, mon-
noye de nos pays,... et audit greffier cent frans et à
chacun desdits huissiers cinquante francs (3) ». Ces
conseillers connaissent sur appel, des sentences des
baillis au civil et au criminel. Ils n'ont aucune compétence en première instance, sauf lorsque le duc
évoque devant eux, par commission expresse, une
affaire disputée entre d'autres juridictions ; sauf aussi

---

(1) Rogéville, *ibid.*, p. IV, et *Dictionnaire des Ordonnances*, 1, 387 ;
Cf. Leseure, *Dissertation historique*, 51.

(2) Marchand, *Anciennes juridictions de Saint-Mihiel* (Bulletin de
la Société d'archéologie lorraine, t. V, p. 29 et s.).

(3) Ordonnance du 8 octobre 1571, Rogéville, *Dictionnaire des
Ordonnances*, I, 388.

lorsqu'ils jugent des procès criminels et civils de leurs collègues (1). Ils se réunissent en session tous les trois mois pour examiner les appels des jugements civils. Mais les sentences criminelles, « portant condamnation de mort naturelle ou civille, amende honorable, confiscation de biens, torture, fouët, ou peine corporelle et perte de bonne renommée », devront être infirmées ou confirmées par eux, dès que l'appelant sera rendu à Saint-Mihiel (2). Les officiers des bailliages étaient toujours obligés de venir soutenir le bien fondé de leurs jugements. Un édit du 20 janvier 1576 les en dispensa (3).

Une ordonnance du 15 novembre 1613 (4), promulguée par Henri II qui paraît avoir eu souci de la dignité de la magistrature, fixa les conditions à remplir pour être admis à la Coûr souveraine. « Considérant que notre Cour souveraine de Saint-Mihiel soit du présent composée seulement d'un président et de huit conseillers, pour juger en dernier ressort des vies et fortunes de nos vassaux et subjets des bailliages et sièges ressortissans en icelle », que de plus beaucoup de juges ne remplissent pas des conditions de capacité suffisantes ou sont trop jeunes, que souvent les conseillers sont parents ou alliés entre eux, « il veut éloigner de ceux qui seront dorénavant pourvus, tous soupçons, non seulement de peu de capacité, et

---

(1) Édit du 27 mai 1572, Rogéville. *Ibid.*, I, 401 ; Krug-Basse, *Histoire du Parlement de Nancy* (Annales de l'Est, 1896, p. 76).

(2) Édit de 1571, Rogéville, *Ordonnances*, I, 390.

(3) Rapportée par Rogéville, *Ibid.*, I, 403, 404.

(4) Rapportée par Rogéville, *Ibid.*, I, 404 et suiv.

d'expérience pour leur âge moins compétent, ou défaut d'examen, mais aussi d'affection ou aultre passion en leurs jugemens pour les degrés de parenté ou d'alliance. » Henri II décide, en conséquence, qu'on ne pourra être admis aux fonctions de président avant l'âge de trente-cinq ans, après avoir été conseiller au moins cinq ans, ou avoir exercé les charges de procureur général, lieutenant général de bailli, pendant huit ans, ou dix ans la profession d'avocat. Pour être conseiller il faut avoir trente ans, être gradué en droit, et avoir « praticqué en sièges et barreau, renommés ou avoir exercé l'estat de procureur général, lieutenant de bailli, ou conseiller en aultres compagnies ou sièges notables ». En outre, il faut subir un examen devant la Cour où l'on devra « respondre sur l'explication de telle loi qu'il plaira à celle-ci de prescrire trois jours avant l'examen, matières romaines et canoniques ». De plus des incompatibilités pour cause de parenté ou d'alliance sont établies. Elles étaient les mêmes à la Chambre des Comptes, et nous en parlerons en traitant de cette juridiction.

En 1634, Louis XIII ayant occupé la Lorraine, créa, le 17 septembre 1634, un Conseil souverain à Nancy, composé de deux présidents et de dix-sept conseillers, lui attribuant les affaires domaniales du Barrois et le jugement des appels interjetés des bailliages (1). L'ancienne Cour souveraine était conservée

---

(1) Marchand, *Anciennes juridictions de Saint-Mihiel* (Bulletin de la Société d'archéologie lorraine, V, 31); Rogéville, *Histoire du Parlement, Jurisprudence*, p. VIII ; Krug-Basse, *op. cit.*, 83 et s.; l'édit est rapporté dans ce dernier ouvrage.

et son ressort augmenté de la Mouvance. Mais « les officiers du Parlement de Saint-Mihiel, peu touchés du sort avantageux que le roi leur faisoit et des grâces qu'il leur promettoit, pour les attacher à son service, préférèrent de mener une vie errante et pauvre pour suivre un prince dont la légèreté causoit les calamités de l'Etat et qui maltraita souvent ses plus fidèles serviteurs (1) ». Saint-Mihiel s'étant révolté en 1635, Louis XIII, par édit du mois d'octobre, punit les rebelles en supprimant leur Cour désertée par ses juges. Leur juridiction fut attribuée au Conseil souverain de Nancy et à la suppression de ce dernier, le 13 juillet 1637, au Parlement de Metz (2). Cependant l'ancienne Cour continue à siéger à Sierck, Vesoul, Epinal, Remiremont, exerçant la justice en place de la noblesse qui étant « en armes » ne pouvait juger. Charles IV, rentré dans son duché en 1641, la réorganisa par édit du 7 mai 1641, et l'érigea en Cour souveraine pour juger en dernier ressort sur toutes matières civiles et criminelles. Cette Cour fut composée d'un premier président et d'un second président aux appointements de douze cents francs, de douze conseillers touchant six cents francs, de greffiers et d'huissiers touchant deux cents et cent francs (3).

Bientôt les difficultés recommencèrent et la Cour reprit avec son duc le chemin de l'exil. Elle annula à

---

(1) Rogéville, *Histoire du Parlement, Jurisprudence*, p. X ; Krug-Basse, *op. cit.* (Annales de l'Est, 1896, p. 204).

(2) Krug-Basse, *op. cit.* (Annales de l'Est, 1896, p. 86, 87).

(3) Krug-Basse, *op. cit.* (Annales de l'Est, 1896, p. 207), rapporte l'édit ; Rogéville, *op. cit.*, p. XI et suiv.

Vaudrevange le traité signé par Charles IV (30 août 1641). Elle siégea tour à tour à Longwy, Luxembourg, Sierck, Vesoul, Trèves, continuant de juger les procès que les fidèles lorrains lui· apportaient malgré les défenses des fonctionnaires français, et ses arbitrages, paraît-il, furent mieux suivis que les arrêts des tribunaux de l'envahisseur (1). En 1661, la Cour souveraine fut réintégrée avec le duc en Lorraine par le traité de Vincennes. Un édit du 26 mars de cette année la divisa en deux sections, ne formant qu'un seul corps. L'une établie à Lunéville, puis à Nancy, avec douze conseillers, l'autre à Saint-Mihiel avec six seulement (2). Ces deux Chambres furent réunies dans la capitale le 8 août 1667. En 1670, le 2 décembre, elles furent supprimées par Louis XIV. Charles V nomma des conseillers, mais ils ne siégèrent pas, et ce n'est que sous Léopold que cette haute juridiction fut rétablie le 12 février 1698, et réorganisée le 31 janvier 1701 (3).

Pour les deux Barrois, existait depuis longtemps un procureur général. Il représentait le souverain aux · Etats généraux, y défendait ses intérêts, et exerçait le ministère public aux Grands Jours. Des subs-

(1) Rogéville, op. cit., p. XIV ; Krug-Basse, op. cit., 211 et s. Les conseillers de la Cour n'étaient pas seulement des juges; ils guerroyèrent aux côtés de Charles IV et furent chargés par lui de missions de confiance. Rogéville, op. cit., p. XVIII.

(2) Rogéville, op. cit., p. XXI ; Krug-Basse, op. cit., 226 et s.

(3) Rogéville, op. cit., XXIX; Krug-Basse, op. cit., 244. Voir aussi sur les Grands Jours et la Cour souveraine, Lepage, ·Offices du duché, 158 et s. ; Bonvalot, Histoire du droit, I, ·340 et suiv. ; Thomas, Juridiction des gradués, p. 16 et s. ; Lescure, Dissertation historique, 51, 67, 79.

tituts qu'il surveillait lui étaient adjoints. L'un de
ceux-ci prit plus tard le nom d'avocat fiscal (1). Ses
attributions étaient analogues à celles du procureur
général de Lorraine : politiques, administratives et
judiciaires. A ce dernier point de vue, il doit assister
aux Assises des bailliages de Sens, Chaumont et Vitry,
« aux journées d'estaulx et de marches, faire gagières,
requestes, sommacions et autres choses requises pour
la considération du domaine, des droits du duc et
prééminences, et résister à l'encontre de ceulx qui
aulcune chose vouldroient entreprendre sur le duché
de Bar ». Il a puissance et « auctorité et mandement
spécial de soy présenter pour et au nom du duc par
devant tous juges ; de quels conque povoir et auctorité qu'ils usent au duché, et dehors d'oyr esdicts
arrêts et sentences diffinitives, tant pour le duc que
contre le duc, d'en appeler et d'en poursuyvre l'appel
et appeaulx et soy en délaissier si mestier est : de
requérir renvois de causes, faire toutes manières de
requestes, sommacions et gagières, et généralement de
poursuivre toutes et chacunes les causes du duc,
quelles qu'elles soient, tant en demandant que en
deffendant et faire tout ce que procureur peut et doit
faire et en cela le duc approuvera ce qu'il fera (2) ».

Des pouvoirs analogues, ainsi que la poursuite des
amendes, le droit de commettre des substituts. etc.
sont accordés au procureur général du Barrois en
1587. Sous Charles IV, il fut attaché avec son collègue

(1) Krug-Basse, *op. cit.*, p. 78.
(2) Lepage, *Offices*, 131 et s. en 1462.

de Lorraine à la Cour souveraine. Puis, en 1661, il fut supprimé et remplacé par un substitut du procureur général de Nancy.

Chapitre X

~~~~~~~~~~~~~

Les Chambres des Comptes de Lorraine et de Bar

~~~~~~~~~~~~~

Sous le nom de Chambre des Comptes, nous trouvons, fonctionnant en Lorraine, une haute juridiction dont la compétence, comme son nom le pourrait faire croire, n'était pas bornée aux affaires financières et domaniales. Elle avait au contraire, dans des cas particuliers, une large part à l'administration de la justice, et c'est à ce titre que nous devons l'étudier ici.

L'origine de la Cour des Comptes est fort ancienne, mais on ne peut la préciser exactement. Rogéville présume, sans apporter de preuves, qu'elle doit être contemporaine de la ducatie héréditaire (1). Peut-être pourrait-on supposer que la compétence dont elle jouit plus tard fut d'abord réservée au Conseil ducal, et qu'elle fut constituée par un démembrement de ce

(1) Rogéville, *Dictionnaire des Ordonnances*, I, 130.

Conseil. Cette supposition pourrait être étayée par le titre de Conseil et Chambre des Comptes que notre cour conserva jusqu'au xvie siècle. Mais, comme les affaires financières exigeaient des connaissances et des aptitudes particulières, les ducs abandonnèrent rapidement leur examen à un corps spécial. Les premiers documents qui nous donnent quelques renseignements sur l'organisation de la Chambre des Comptes, nous la montrent composée de huit membres, connus sous le nom de maîtres rationaux, puis au xvie siècle sous celui de conseillers auditeurs des Comptes (1). Ils régirent tout d'abord uniquement les domaines ducaux, chose importante puisqu'ils formaient presque le seul revenu des ducs (2). Ensuite ils statuèrent sur des difficultés d'ordre financier, surveillèrent les gruyers et connurent de leurs décisions en appel ; vérifièrent les comptes des receveurs. En 1532, le procureur général doit leur demander conseil en certaines affaires dont nous avons parlé plus haut. Une ordonnance de 1531 (3) est la première qui nous éclaire sur leurs attributions. Elle accorde à la Chambre des Comptes : la surveillance et la réparation des usines, châteaux et maisons du duc, le contrôle de l'alevinage des étangs, des coupes dans les forêts domaniales, la visite des greniers de recette, et « tous les officiers de recette » doivent,

---

(1) Rogéville, *op. cit.*, I, 130, 131; vers 1530.

(2) *Ibid.*, 131 ; Krug-Basse, *Histoire du Parlement de Nancy* (Annales de l'Est, 1896, p. 55).

(3) *Archives de Meurthe-et-Moselle*, Trésor des Chartes, layette. *Ordonnances*, I, n° 34 ; Lepage, *Offices du duché*, p. 209 et suiv.

trois mois avant la reddition de leurs comptes, envoyer « par escript au Conseil et Chambre des Comptes de Lorraine toutes amendes arbitraires et autres qu'ils pourront avoir pour les conseiller et les faire adjuger par justice avant la reddition de leurs comptes. »

Diverses ordonnances suivirent et vinreut élargir le cercle des attributions de la Chambre des Comptes. Les ducs peu à peu, ne pouvant créer, à cause de l'opposition de la noblesse, une Cour souveraine, contrôlant ou rendant la justice en leur nom, s'efforcent de faire de la Chambre des Comptes une juridiction souveraine capable de lutter contre les Assises de la Chevalerie.

Un document de 1628 résume la compétence immense que les ducs avaient su concéder à notre tribunal ou qu'il avait su usurper avec leur aide caché. La juridiction qu'il exerça se divise en ordinaire et extraordinaire. A cause de la juridiction ordinaire, ses membres connaissent « du domaine de Lorraine en général, terres et seigneuries y enclavées, soit iceluy muable, ou casuel, avec pouvoir à eux de régler, juger et décider sommairement par prévention de toutes difficultés et cas résultants de la levée et maniement dudit domaine, et en dernier ressort en cas d'appel ou de plainte des jugements rendus sur icelles par lesdites justices subalternes (1), et particulièrement, des salines, usages et distribution du sel (2), en et par toutes les

---

(1) 12 janvier 1600 et 26 octobre 1609, rapportées par Rogéville, *Dictionnaire des Ordonnances*, I, 135, 140.

(2) Plus tard on y joindra la chasse et le tabac.

terres de l'obéissance de sa dite Altesse, et où ledit
sel a cours hors les pays en tant que contravention
seroit faite à ladite distribution ». Ils connaissent
aussi des recettes et levées de rente (1), des grueries
et dépendances, sauf celles de Nancy, Châtenois et
Neufchâteau, qui décident souverainement; des
monnaies, verreries, mines et actions entre les
ouvriers mineurs et monnayeurs, en première
instance ou sur appel des jugements rendus par « les
officiers des dictes monnayes (2) et mines pour faits
d'icelles, des anciens passages, hauts conduits,
octrois, issues, joint celui des dites verrières », de
l'aide ordinaire de Saint-Remy. « Appartient à la
dite Chambre l'examen, audition, clôture et signature
des comptes, tant des officiers particuliers que du
sieur trésorier général, payeur de l'artillerie, hôpital
Saint-Julien dudit Nancy, chapelle de Saint-Nicolas,
érigée en l'église paroissiale de Saint-Epvre, et
présentation de chapellain, vacances échéantes,
comptes de munition, magasin à grain, décimes et
autres (3). »

La Chambre commande les corvées de charrois et
et de bras, quand il en est besoin, pour réparer les
usines et autres propriétés ducales ; ordonne ces
réparations ; peut réduire les sommes dues par les
fermiers du domaine, à cause de leurs fermages,
lorsque quelques raisons les auront empêchés de

---

(1) Ordonnance du 26 octobre 1609.

(2) D'après usage ancien et par divers arrêts, nous apprend le
document rapporté par Rogéville, *op. cit.*, I, 148.

(3) Rogéville, *loc. cit.*

recouvrer ce à quoi ils pouvaient prétendre (1); donne
quittance ou modère les impôts des particuliers ou
des communes qui ont souffert de la grêle, d'inonda-
tions ou d'autres fléaux; autorise la création de nouveaux villages. « Les dicts des Comptes ordonnent
seuls et privativement d'autres juges ordinaires, de
toutes saisies à faire sur gages, rentes, pensions et
assignaux qui pourroient estre sur ledit trésorier
général, gouverneurs des salines, receveurs, gruyers
et autres comptables à ladite Chambre (2). » Ils
connaissent de même « des droits profits et émoluments desdits officiers comptables et subalternes,
soient qu'ils aient prêté serment à Sadite Altesse
seule, on ayent pareil serment à autres, à cause de
leurs hautes justices indivises avec elle, comme
seroient les Dames, Abbesse, Doyenne et Chapitre
de l'Eglise de Saint-Pierre de Remiremont, à l'égard
des gruyeries d'Arches, Bruyères et Dompaire, et
décident des prétentions de chacun d'eux, particulièrement en leurs dites qualités, et de tous différens
entre eux pour faits d'offices, même de ceux qu'ils
ont pour même cause, avec leurs controlleurs établis
de la part des dites dames (3). » Ils enregistrent, dans
un délai de trois mois après qu'elles ont été accordées,
les lettres d'anoblissement données par le Duc, aux
Lorrains ou aux étrangers (4) et doivent vérifier,

---

(1) Ordonnance du 10 septembre 1609.
(2) Ordonnance du 3 février 1608. Rogéville, *op. cit.*, I, p. 138 et
suiv., et p. 149.
(3) Ordonnance du 26 octobre 1609, *loc. cit.*
(4) Ordonnance du 11 juin 1573, Rogéville, *Ordonnances*, I, 132, 149.

auparavant, si les biens de l'anobli lui permettent de soutenir son état nouveau ; ils reçoivent toutes rever- sales. vérifient les aveux et dénombrements qui leurs sont fournis lorsqu'une seigneurie change de maître, ayant le droit de vérifier les titres et qualités prises par les vassaux dans ces actes.

Le Président de la Chambre reçoit les serments de tous les officiers qui, à un titre ou à un autre, peuvent être considérés comme comptables : Prévôts, maîtres des Hans ou corporations de métiers, économes de Saint-Julien, chevaucheurs, forestiers, garenniers, messagers, livreurs de bois ; de même ceux des notaires qui touchant des honoraires doivent dépendre de la Chambre des Comptes. Les Conseil- lers ont la « correction de ces officiers du domaine « même à Moyenvic », à cause des traités passés à ce sujet avec l'évêque de Metz. Ils jugeront les délits commis par les fermiers et sous fermiers, à cause de leurs fonctions, et les châtieront de suspension, de destitution, d'amendes, de punition corporelle ou de mort, suivant les cas. Taxent les amendes arbitraires, prononcées par les justices subalternes ou les bail- liages, ce qui leur donne un large pouvoir de contrôle sur ces justices (1).

Ils surveillent les chambres des notaires ou cours de tabellionages, examinent les rapports sur la capa- cité et l'incapacité des tabellions, jugent les contesta- tions qu'ils peuvent avoir avec leurs confrères, ou leurs clients au sujet des honoraires, les destituent ou

(1) Ordonnance du 4 décembre 1532, Rogéville, *ibid.*, I, 131, 149, 150.

les suspendent de leur office, lorsqu'ils commettent des fautes dans l'exercice de leur profession, etc. (1). La connaissance de toutes ces matières formait leur compétence ordinaire.

Lorsque les ducs réunissaient à leur duché un territoire nouveau, ils lui laissaient toutes ses institutions et ne l'incorporaient pas dans les bailliages existants ; ils réservaient à l'origine pour leur Conseil la juridiction privilégiée et le droit de juger en dernier ressort, ou de revoir en cassation les jugements prononcés par les tribunaux de ces nouveaux domaines, se gardant bien de concéder ce droit aux Assises de la Chevalerie. Dans la suite, comme ils voulurent faire de la Chambre des Comptes une sorte de Parlement ou cour souveraire, ils lui abandonnèrent la révision de ces procès dans de nombreux cas, se réservant néanmoins, presque toujours, l'examen des pourvois en cassation pour faux et mauvais jugement, ou par plainte faute de justice. De même, lorsqu'ils enlèvent à certaines justices locales le droit de juger souverainement, ils attribuent la connaissance en dernier ressort à la Chambre des Comptes. C'est ainsi qu'en 1628 par juridiction extraordinaire les conseillers de la Chambre des Comptes « terminent en dernier ressort toutes appellations et plaintes interjettées sur sentences rendues par les juges du comté de Blàmont et seigneurie de Deneuvre (2) », de la ville

(1) Ordonnance du 27 février 1610, Rogéville, *op. cit.*, I, p. 141, 142, 150.

(2) Ordonnance du 10 juillet 1595, Rogéville, *op. cit.*, I, 134 ; 26 octobre 1609, *ibid.*, 140, 150.

et chatellenie de Dieuze et mère cour d'Amange (1), de la ville et chatellenie de Marsal, et de la mère cour de ce lieu (2). Ils examinent d'après l'ordonnance du 26 octobre 1609 les appels de Custines (Condé), Val de Faulx, et de leur mère cour, de la terre de l'Avant-Garde et dépendances, du Val de Liepvre, de la mairie de la Croix-aux-Mines, terre de la Warde de Wissembach, Spitzemberg et Lubine, de la Bresse, des deux Varangéville, de Saint-Nicolas de Port et de sa mère cour, des francs alleux de Rouvre et Resaincourt, de la courterie du duché de Lorraine, de Charmes-la-Côte. Ils ont les mêmes pouvoirs par lettres patentes du 16 août 1617, à l'égard des sentences du marquisat de Nomeny et du ban de Delme, lorsque la valeur du litige excède 300 francs. Par décret du 30 août 1607 à l'égard de celles des mairies de Bratte, du ban de Ramonchamps et des quatre francs châteaux de Vagney, de même pour les jugements de la justice d'Albe par ordonnance du 24 avril 1571, pour les sentences des receveurs et contrôleurs du domaine, pour fait « du *Han* », des plaintes et sentences des maîtres et jurés des orfèvres de Nancy. Ils connaissent en première instance et sans appel des causes privilégiées, de fiefs, maisons et gagnages francs de Marsal, des actions personnelles intentées au criminel et au civil contre les nobles ou personnes franches de cette ville, de Deneuvre et de Blâmont (3). « Bref de toutes nullités de procédures

(1) Ordonnances des 22 juin 1599 et 26 octobre 1609.
(2) Ordonnances des 9 novembre 1600 et 26 octobre 1609.
(3) *Ibid.* Voir aussi Rogéville, *Jurisprudence*, p. XXXI, note 4.

instruites par les justices inférieures qui sont de leur ressort, sans qu'autre cour et jurisdiction puisse s'attribuer qualité de cour supérieure, ny pouvoir d'évocquer la connaissance desdittes nullités, moins de celles prétendues commises à l'instruction et jugement des procès y pendants, desquels, n'ont à répondre qu'à Saditte Altesse, ès cas de plaintes des parties prétendantes avoir esté grevées, soit par erreur de fait ou de droit (1). »

L'on comprend, en voyant de quelle compétence jouissait la Chambre des Comptes, que la noblesse se soit plaint à diverses reprises de ses usurpations, jalouse de voir s'élever une juridiction puissante vis-à-vis de ses Assises. Aux Etats de 1578, elle proteste contre ses abus de pouvoir. « En la Chambre des Comptes ils veuillent juger et connaître du faict de vostre domaine, soit pour la cognoissance du fond ou autre, qui est totalement contre leur liberté, dont Messieurs de la Noblesse disent qu'ils sont juges de tous les faits que touchent à vos grâces, soit de haulte justice qu'aultre chose plus grande ; et par conséquent doivent aussi n'estre juges des choses moindres, et des cens et redevances ; mesmes que, par des lettres de Messeigneurs vos prédécesseurs ducs, il n'en est réservé aucun cas qu'ils n'en ayent la cognoissance (2). » En conséquence, la Noblesse demande qu'à l'avenir ces faits, « en ce qui touche du fond », soient réservés aux Assises. Ce que le duc se garda

___

(1) Rogéville, *op. cit.*, I, p. 151, 152.
(2) Layette, *États généraux*, I, n° 36, *Archives de Meurthe-et-Moselle ;* Lepage, *Offices*, p. 212.

de faire probablement. Aux mêmes Etats, d'après Rogéville (1), on se plaint également que la Chambre des Comptes, en taxant les amendes, jugeât sur les droits de propriété et de vaine pâture dont les parties arguaient incidemment, pour éviter le paiement de l'amende, et qu'en cela elle empiétait sur la compétence des autres tribunaux, qui devaient seuls connaître de ces actions réelles. Le duc répondit que c'était une usurpation, mais il est probable qu'il continua à laisser faire. Aux Etats de 1614, les plaintes sont plus vives, car la compétence de la Chambre s'est encore augmentée. C'est surtout l'attribution des appels des nouveaux domaines qui semble le plus toucher la Chevalerie (2) : « Est remontré à Son Altesse de la part desdits Estasts que depuis vingt ans en ça ou environ, les sieurs de la Chambre des Comptes de Lorraine auroient obtenus des patentes particulières pour, par provision, pouvoir juger de certains faicts, comme aussy leur est, par icelles patentes, attribuée jurisdiction *sur des villes et provinces entières et toutes autres places que de nouveau s'acquestent par Son Altesse ou luy sont laissées par échange,* » et qu'à cause de cela leur compétence s'est tellement accrue, qu'ils ne peuvent arriver à juger toutes les affaires qui leur sont soumises « outre que la plupart d'iceulx sont gens non lettrés et non versés au faict de judicature, mesme qu'ils jugent sans appel ny plainte ». Le duc est donc supplié de rendre « à

---

(1) *Dictionnaire des Ordonnances,* I, p. 133.

(2) Layette, *États généraux de Lorraine,* II, n° 57. Trésor des Chartes, *Archives de Meurthe-et-Moselle* ; Lepage, *Offices,* 213.

son buffect *et noble Conseil* », ce qu'il lui a enlevé par
diverses ordonnances ; quant aux autres causes qu'il les
attribue « à tel siège de justice en Lorraine qu'il luy
plaira, sans qu'ils soient contraincts de subir juridiction en ladicte Chambre en laquelle mesme on veult
attirer les nobles et ecclésiastiques en plusieurs
cas (1) ». Henri II répondit qu'il aviserait et qu'il
aurait soin, comme par le passé, de ne donner la
charge de conseiller qu'à des personnes « de mérite,
suffisance et probité (2) ».

Une ordonnance du 16 janvier 1616 (3), qui semble
donner, sur certains points, satisfaction aux réclamations de la noblesse, n'eut pour but que de fortifier la
Chambre des Comptes contre les attaques, en exi-
geant de ses membres une capacité reconnue, et en
fixant des règles pour rendre leur administration de
la justice plus scrupuleuse. Pour être nommé conseiller
auditeur, il faudra, dès lors, être âgé de vingt-cinq
ans au moins, et avoir subi devant la Chambre un
examen portant sur les matières financières et domaniales, la pratique judiciaire et le droit théorique,
« dont il sera interrogé et enquis, tant par ledit sieur
surintendant de nos finances, si bon lui semble que
par le Président, et ceux des conseillers assesseurs à
ladite Chambre, qui se trouveront présents à la
réception ». Comme beaucoup de conseillers étaient
proches parents ou alliés entre eux, Henri II déclare
que ceux, qui seront parents ou alliés au troisième

(1) *Ibid.*
(2) Rogéville, *Dictionnaire des Ordonnances,* I, 145.
(3) Rapportée par Rogéville, *op. cit.,* t. I⁰ʳ, p. 145 et suiv.

degré des conseillers en charge, ne pourront plus être
nommés à la Chambre des Comptes. Quant à ceux
précédemment reçus, qui se trouveraient dans ces
conditions de parenté ou d'alliance, « affin d'éloigner
d'eux tout soupçon de moindre pureté de résolution
et jugement » leur voix, et celle de leurs parents, ne
seront plus comptées que pour une dans les délibérations. De même lorsque des conseillers seront intéressés dans une affaire ou que les parties leur seront
parentes jusqu'au quatrième degré, ils devront se
retirer avant la délibération.

Le nombre des conseillers auditeurs fut très variable. Ils étaient sept en 1566, onze en 1575, treize en
1579 (1). Ce dernier chiffre fut fixé officiellement par
une ordonnance de 1580, mais bientôt l'augmentation de compétence en exigea plus. En 1607, nous
en trouvons trente-quatre, et une ordonnance du
11 janvier nous apprend que le nombre s'était accru,
« au triple pour le moins de ce qu'il estoit quarante
ou cinquante ans auparavant ». Tous ces conseillers
depuis très longtemps étaient placés sous l'autorité
d'un président (2).

Un parquet spécial n'était point attaché à la Chambre
des Comptes. Le procureur général de Lorraine
avait bien essayé d'y exercer le ministère public,
mais l'édit du 4 décembre 1532 vint le lui défendre,
et déterminer les matières pour lesquelles il pourrait

---

(1) Lepage, *Offices*, p. 215.

(2) Le premier qui nous soit connu est Jean de Lamballe, qui fut
nommé le 9 avril 1475 ; Lepage, *Offices*, 217 ; Rogéville, *Ordonnances*,
Supplément du tome Ier, p. 6.

avoir des rapports avec la Chambre. Lorsqu'il était
besoin d'un ministère public, les conseillers agissaient,
pour la conservation des droits du Prince, en qualité
de procureurs du Domaine. En 1628, ils réclamèrent
de Charles IV la création d'un procureur du domaine
en titre, « chose très utile au bien du service du duc,
pourvu que ce personnage fût entendu de longue
main, au fait de son domaine, versé en judicature,
pour conclure aux procès meus, à cause des contraventions aux ordonnances portantes peines de confiscations ou amendes, agir contre les defférés d'avoir
fraudé les droits d'impôts, passages et autres, faire
exécuter les nottes apposées aux comptes présentés
en audition de laditte Chambre, par les officiers
comptables, et outre ce qu'il dépendra des comman-
dements de laditte Chambre, fut capable et soigneux
de les mettre en exécution, et qui ne s'ingéra en aucunes poursuittes, sans avoir présenté au préalable
ses mémoires au chef de laditte Chambre, et après un
meur examen d'iceux par le corps, afin de ne succom-
ber mal là propos, et procurer à Saditte Altesse de la
dépense non nécessaire (1) ». D'après Rogéville, le
duc aurait fait droit à leur demande et aurait nommé
un procureur du domaine, sous le titre de substitut
général du procureur général de Lorraine (2).

Telles étaient la composition et la compétence de
la Chambre des Comptes, lorsque Louis XIII la
supprima en 1634 et attribua ses fonctions à la Cour

---

(1) Rogéville, *Dictionnaire des Ordonnances*, I. p. 153.
(2) *Ibid.*, p. 154.

souveraine, et à un Conseil souverain pour les finances. Puis il confia au parlement de Metz l'examen des affaires contentieuses, et à l'intendant l'administration du domaine et la répartition des impôts. Mais en même temps l'ancienne Chambre suivait le duc exilé dans ses courses vagabondes, et Charles IV continuait de nommer des conseillers comme si son duché n'était pas envahi par les Français. Louis XIII de son côté rétablit celle qu'il avait supprimée, à une date qui ne nous est pas connue, mais il est probable qu'il ne lui laissa que l'administration des domaines et l'audition des comptes sous la présidence de l'intendant (1). Rentré dans ses États à la suite du traité de Vincennes, le duc de Lorraine s'occupa de réorganiser cette juridiction, par un édit du 26 mai 1661 (2).

La compétence en fut fortement réduite par l'établissement de la Cour souveraine ; aussi le nombre des conseillers auditeurs est ramené à six, plus un président, qui ont seulement le pouvoir « d'ouir, examiner, clore et arrêter les comptes des officiers comptables et juger les difficultés qui en pourront résulter, au sujet de la recette et dépense seulement ». En 1663 on y adjoignit un procureur général.

Comme on le voit, les attributions de la Chambre des Comptes sont purement financières, à cette époque, ce à quoi elle semble ne s'être pas résignée facilement, car elle eut de nombreuses contestations avec sa sœur

(1) *Ibid.*, p. 155.
(2) *Ibid.*, p. 157.

cadette la Cour souveraine, et le duc en 1664 fut obligé de lui rappeler qu'elle n'avait à s'occuper que de l'audition des comptes (1). Deux ans après, nouvelles contestations entre les deux Cours à propos d'une déclaration concernant les biens des hérétiques que la Chambre des Comptes avait publiée, profitant de ce que la Cour souveraine était en vacances. Celleci, aussitôt rentrée, protesta contre cet empiètement, par un arrêt du 20 novembre. En 1668, la Cour souveraine défend à sa rivale d'intituler ses jugements au nom du prince, ce qu'elle faisait par une « nouveauté inouïe, sans exemple, et contrairement à ce qui s'est pratiqué de tout temps (2) ». Charles IV donna tort à la Cour, et un édit du 5 avril 1669 vint permettre à la Chambre de qualifier ses jugements du nom d'arrêts et de les intituler au nom du Prince (3). Pour se venger, sans doute, la Cour interdit à toutes personnes de donner la qualité de Messeigneurs aux conseillers auditeurs, à peine d'une amende de cinq cents francs (4), et la lutte continua. Louis XIV mit d'accord les deux juridictions, en les supprimant par édit du 22 décembre 1670, et attribuant la connaissance des affaires qui leur étaient soumises au Parlement de Metz et à un intendant (5). Elles ne furent

---

(1) Édit du 20 novembre 1664, rapporté par Rogéville, *Dictionnaire des Ordonnances*, p. 160. On trouvera aux pages précédentes des détails sur le conflit entre les deux tribunaux.

(2) Rogéville, *op.cit.*, I, p. 167.

(3) Rogéville, *op. cit.*, I, p. 169.

(4) *Ibid.*, p. 168.

(5) Rogéville, *op. cit.*, I, 170.

rétablies qu'au traité de Ryswick, « qui rendit Léopold à la Lorraine pour en faire le bonheur (1) ».

Pour les mêmes raisons qu'en Lorraine, les comtes de Bar établirent assez tôt une juridiction spéciale pour les affaires domaniales et financières. Rogéville rapporte l'opinion qui fait remonter l'institution d'une Chambre aux deniers, à Frédéric, comte qui régnait au x⁰ siècle ; mais il n'apporte aucune preuve à l'appui. Il nous montre plus loin cette Chambre se réunissant dès 1239 et recevant les hommages des vassaux ainsi que les aveux et dénombrements (2). Peut-être pourrait-on supposer, ici aussi, que cette Chambre aux deniers qui fut qualifiée Conseil et Bureau Monseigneur, puis Chambre du Conseil et des Comptes, se créa par un démembrement du Conseil du Prince. Quoi qu'il en soit, lorsque le duché de Bar fut réuni à la Lorraine, les ducs conservèrent la Chambre des Comptes, mais sa compétence fut toujours moins étendue que celle de la Chambre de Nancy, et resta bornée aux affaires purement domaniales et financières. Les causes judiciaires étant laissées pour le Barrois non mouvant aux Grands Jours de Saint-Mihiel, haute Cour dépendant des ducs, et pour le Barrois mouvant aux tribunaux français. Cependant lorsque, pour une raison ou une autre, les Grands Jours ne pouvaient s'assembler, les ducs attribuaient à la Chambre des Comptes de Bar la révision en appel des jugements

(1) *Ibid.*, I, 170.
(2) *Ibid.*, I, 125.

des baillis, prévôts et mayeurs. Ainsi en 1484, lorsque René II partit pour la France, réclamer l'Anjou et la Provence (1). Signalons aussi la compétence particulière qui lui fut attribuée par l'ordonnance du 15 mai 1533, instituant une commission d'enquête sur les abus des fonctionnaires du Barrois. Ce fut à elle que les commissaires adressèrent leurs rapports pour avoir avis. De même les recours en grâce sont examinés par la Chambre des Comptes avant d'être renvoyés au duc (2).

Les conseillers étaient dirigés, depuis le commencement du xve siècle, par un président qui eut comme appointements quarante écus sous René Ier, quatre-vingts francs, quatre cents francs, puis cinq cent vingt livres en 1622. Dès 1530, il portait un costume somptueux, composé d'une longue robe de pourpre, sans manche, bordée d'hermine, et par dessus une soutanelle de drap d'or. Il l'échangea dans la suite contre un costume analogue à celui des cours françaises. Le nombre des conseillers fut très variable, ils étaient cinq avant 1424, trois à cette date, onze en 1581, vingt et un en 1622, et touchaient quarante, deux cents, puis deux cent soixante livres (3).

Les conditions de capacité et d'âge requises pour être nommé conseiller étaient les mêmes qu'à la Chambre lorraine, d'après l'ordonnance de 11 janvier

---

(1) Rogéville, *Ordonnances*, I, 126.

(2) Rogéville, *loc. cit.*; Lepage, *Offices*, 206 et s.

(3) Société des lettres, sciences et arts de Bar-le-Duc, 3e série, *Le château de Bar*, p. 150, 151 ; Lepage, *Offices*, p. 207 ; Ordonnance du 11 septembre 1569 rapportée par Rogéville, *op. cit.* I, 127.

1616, dont nous avons parlé plus haut. Il n'y avait pas non plus de parquet spécial, le procureur général du Barrois portait la parole quand cela était nécessaire (1). Ce ne fut qu'en 1663 qu'un procureur général pour le domaine fut institué par Charles IV dans les deux Chambres, qui subirent les mêmes vicissitudes ; supprimées en même temps, elles furent rétablies définitivement, en février 1698, par le comte de Carlinford.

(1) Lepage, *Offices* 130 ; Rogéville, *Ordonnances*, II, 335.

Chapitre XI

~~~~~~~~~~

Le Conseil ducal

~~~~~~~~~~

A côté des Assises de la Chevalerie, de la Chambre des Comptes, des Grands Jours et du Change, juridictions supérieures, en fonctionne une autre, jouant le rôle de Conseil d'Etat, de Cour de cassation et d'appel. C'est le Conseil ducal, dont nous avons déjà eu l'occasion de parler. Dans les premiers siècles de l'existence du duché de Lorraine, nous voyons les ducs, entourés de « nombreux nobles (multorum nobilium) », mettre fin à des contestations d'ordre divers. Il est probable que lorsqu'on avait recours à sa juridiction pour donner plus de garanties à ses sentences, et pour les rendre d'une manière plus éclairée, le souverain avait pris l'habitude d'appeler à ses côtés quelques conseillers, choisis pour chaque cas dans la classe puissante de la Chevalerie. Peut-être même, ce Conseil, tout temporaire, ne formant pas un corps constitué, ne se distingua pas tout au début du tribunal des Assises, et que c'est là qu'on doit chercher l'origine commune des deux institutions. A diverses dates, dans le xiiie siècle, les ducs décident ainsi, en conseil, des questions où on a fait appel à leurs lumières (1). A cette époque, cependant, la juridiction de la Chevalerie est constituée et en lutte avec les ducs ; ceux-ci s'efforcent de conserver ou d'attirer à eux et à leurs conseillers des affaires que les Chevaliers devaient connaître.

C'est surtout comme tribunal arbitral que la juridiction du Conseil a de l'importance à l'origine, aussi les ducs veulent, pour faire venir à eux ce genre d'affaires, donner toutes garanties. Ils édictent notamment que les procès délicats ou importants ne pourront être décidés qu'après que des commissaires désignés auront fait leur rapport après étude approfondie. De plus, pour assurer l'exécution de la sentence, une amende triple de l'ordinaire est prononcée contre celui qui se refuse à l'accepter (2). Lorsqu'un plaideur n'a pu trouver justice nulle part, que tous les tribunaux ont refusé d'examiner son cas, se déclarant incompétents, il était conduit tout naturellement à s'adresser au pouvoir souverain ; de là attribution au Conseil des plaintes pour *faulte de droit*. A ce déni de justice on assimila ensuite le *faux et mauvais jugement*, où les juges sont pris à partie. S'adressent aussi à lui, les tribunaux embarrassés pour rendre leurs jugements. Ainsi en 1384, les Échevins de Nancy

---

(1) En 1225, 1248, 1288, Lepage, *Offices*, p. 29 et suiv.
(2) Bonvalot, *Histoire*, I, 262.

dans un cas féodal (1). Outre ces fonctions judiciaires, le Conseil ducal est consulté dans les affaires importantes ; le duc délibère avec lui les traités à conclure, et leur interprétation leur est réservée. De même les édits, ordonnances et lettres de grâce (2).

Il semble que, dès le xive siècle, il devient un corps constitué, car nous voyons, en 1486, René II, confiant la régence à la duchesse Philippe de Gueldres, décréter que celle-ci devra demander avis, en affaires importantes, aux gens du Conseil et aux principaux officiers du pays (3). Mais, probablement, ce *grand Conseil du roy* n'avait pas encore une organisation bien régulière, ni une compétence bien établie. Ce ne fut que durant la minorité de Charles III qu'elles furent réglées. D'après une ordonnance de cette époque dont on ne connaît pas la date précise, le Conseil sera composé de douze conseillers « esleus en l'estat de la noblesse qui auront la charge d'entendre et décider toutes matières, selon que par cy devant en a esté usé au Conseil d'Estat et privé de Messeigneurs les ducs de Lorraine, Bar, etc.... prédécesseurs dudit seigneur duc, tant pour ses affaires que du pays et de justice qui sera requise de partie à autre ». Ces conseillers sont divisés en « quatre quartiers », et siègent tour à tour, sous la présidence du plus ancien, « comme superintendant » ; ils sont assistés d'un

---

(1) Bonvalot, *op. cit.*, I, 262 ; Lepage, *Offices*, p. 30.

(2) Ces lettres de grâce étaient fréquentes, ainsi de 1473 à 1626, on en accorda 2,643. Cf. abbé Vairel, *Essai sur Nompatelize*, dans le Bulletin de la Société philomatique vosgienne, xxiie année, p. 52.

(3) Lepage, *Offices*, p. 32.

secrétaire, qui tient registre de leurs délibérations. Deux maitres des requêtes sont aussi institués, « lesquels recouvreront du secrétaire d'Estat, ung sommaire des conclusions d'ung chacun au Conseil, pour les réduire en mémoire à celuy qui sera chef pour le quartier courant, à ce que l'on ordonne les dépesches comme il conviendra, et qu'il ordonne à qui aura esté chargé de quelque commission de la faire selon l'exigence du temps et des négoces. Et quant aux expéditions susdittes, qui seront dressées par les secrétaires, que nul d'eulx' ne les puisse présenter à leursdittes Excellences, pour estre signées et scellées, que préalablement elles ne soient reveues par l'un desdicts maistres des requestes, et notées d'un visa, avec son nom et paraphe dudict chef. Et s'entend cecy, tant des mandements, décrets que de toutes depesches de quelque qualité elles soient (1) ».

On voit, d'après les comptes de cette époque, que le Conseil était composé de membres nés, hauts dignitaires, tels que les grands baillis, le sénéchal et le maréchal de Lorraine, le grand maitre de l'hôtel et les chambellans, de gentilshommes et de six conseillers de robe longue, plébéïens ou gens de petite noblesse, versés dans la connaissance du droit et la pratique des affaires. Ces derniers devaient, à l'exclusion des autres, délibérer sur les décisions à prendre et réviser les procès. Dès lors, on commence à distinguer le Conseil d'Etat et privé du Conseil privé, composé plus spécialement de légistes.

(1) Lepage, *Offices*, p. 35.

Charles III, sentant l'importance et l'utilité de cette dernière section, dont il augmentait chaque jour les pouvoirs, la réorganisa, tendant à lui laisser exclusivement l'examen des affaires. Il y introduisit de plus en plus, évinçant les nobles, des anciens échevins de Nancy, des lieutenants de bailli, conseillers à la Cour de Saint-Mihiel, et autres juges expérimentés dont il peut espérer des avis éclairés, en même temps qu'un dévouement à toute épreuve. Au commencement du xviie siècle, le Conseil d'Etat apparaît divisé en trois Chambres. La première, qui a des attributions très vagues, est composée de vingt gentilshommes ou ecclésiastiques; la seconde, de légistes conseillers de robe longue au nombre de dix-huit y compris trois maîtres des requêtes. La troisième est formée par cinquante-quatre fonctionnaires d'ordres divers : ambassadeurs, secrétaires, etc. qui sont qualifiés de gens dépendants du Conseil (1). Au dessus est placé un chef du Conseil, ou président, qui perçoit des appointements annuels de douze cents livres. Les conseillers de robe longue, indemnisés par des traitements variant de trois cents à six cents francs, sont seuls compétents pour connaître des recours en grâce, des pourvois en cassation, des appels des juridictions des domaines nouvellement acquis et autres, où les Assises et le Parlement de Saint-Mihiel n'ont pas droit de justice souveraine. Ainsi, pour la baronnie de Turquestein (2), Blàmont, les usines, salines, et

(1) Lepage, *Offices, loc. cit.*

(2) Lepage, *Les seigneurs et la châtellenie de Turquestein* (Mémoires de la Société d'archéologie lorraine lorraine, XXXVI, p. 156).

pour quelques villes comme Darney (1). De même quand le duc réorganise un tribunal jusque-là souverain, il a soin de réserver le second ressort au Conseil. Par exemple, lorsqu'il crée les tribunaux d'échevins de Saint-Dié, Lunéville et Saint-Nicolas, ou la justice consulaire de Pont-à-Mousson (2).

Guinet, dans sa *Dissertation sur la jurisprudence*, nous donne quelques détails sur le Conseil d'Etat. « Le Conseil des ducs ne jugeoit pas les procès criminels, mais il s'étoit retenu une grande jurisdiction civile des affaires réservées et qui n'alloient point à l'Assise. Il y avoit cinq cas marqués par la coutume, qui se jugeoient au Conseil sur la plainte interjetée dès juges du bailliage : ces cinq cas étoient choses jugées, serment déféré, instance possessoire, injure de crime, c'est-à-dire petit criminel. » Dès huit heures du matin, le duc y siégeait, entouré des conseillers et des maîtres des requêtes. « Le maître des requêtes en quartier rapportoit les requêtes sur lesquelles on prenoit résolution ; après on faisoit entrer les avocats et leurs parties seulement ; ceux dont il falloit plaider la cause, qui étoient introduits par l'huissier du Conseil, ils plaidoient avec leurs robes et testes nues devant le duc, après une révérence. L'avocat plaidoit sommairement et cavalièrement : celui qui déduisoit

---

(1) Après avoir passé à Mirecourt et Nancy (1633), *Documents de l'histoire des Vosges*, VIII, 252.

(2) Lepage, *ibid.* et *Justice consulaire*, p. 15 ; Thomas, *Juridiction des gradués*, p. 26 ; Digot, *Histoire de Lorraine*, V, 97. Dans la suite le Conseil partagea cette juridiction supérieure avec la Chambre des Comptes, à laquelle il céda une grande partie de ses attributions.

le fait plus nettement et brièvement étoit le mieux écouté; on y méloit quelques raisons de droit que l'on vouloit; on répliquoit de même sur le champ; et après avoir conclu, les parties et les avocats sortoient; on opinoit et le maître des requêtes dressoit l'arrêt en son logis qu'il rapportoit le lendemain au même Conseil, pour voir si c'étoit l'intention du duc et de son Conseil. Il y avoit des secrétaires du Conseil qui retiroient des mains du maître des requêtes en quartier, les requêtes cottées et les minutes des arrêts qu'ils mettoient en forme sur papier, les faisoient signer par le duc et les contresignoient pour les délivrer aux clients, car toutes expéditions du Conseil étoient signées du duc (1). » Charles IV simplifia encore la procédure pour attirer les affaires à son Conseil par ordonnance du 24 mars 1627 et 8 août 1628 (2). Quelques années après, le Conseil ducal suivait son maître dans l'exil, et il fut chargé souvent de fonctions judiciaires, de 1634 à 1635 à Sierck, en 1639 à Remiremont, où de ses membres sont délégués pour former un tribunal qui connaît des appels des justices inférieures en place des Assises des Vosges (3). Léopold réorganisa complètement cette institution.

(1) Guinet, *Dissertation* dans Dom Calmet, *Histoire de Lorraine*, III, col. ccxxxiii et s.

(2) La première qui a trait aux expéditions est rapportée par Rogéville, *Dictionnaire des Ordonnances*, I, 367 ; pour l'autre voir Leseure, *Dissertation historique*, p. 77.

(3) Thomas, *Origine de la juridiction souveraine des gradués*, p. 31 ; Ordonnance du 2 octobre 1639. Rogéville, *Dictionnaire des Ordonnances*, I, p. 419, 420.

Vu :

Le Président de la Thèse,

G. GAVET.

Nancy, le 30 Avril 1898.

Vu pour le Doyen de la Faculté :

L'Assesseur,

R. BLONDEL.

Vu et permis d'imprimer :

Le Recteur,

A. GASQUET.

BIBLIOGRAPHIE

~~~~~~~~~~~~~

ALEXANDRE. — *Du caractère de la législation lorraine ; sa marche, son histoire.* — (Mémoires de l'Académie de Stanislas, 1861).

ALLARD (Albéric). — *Histoire de la justice criminelle au XVIe siècle.* — Paris, 1861, in-8º.

Annales de l'Est. — Nancy, Berger-Levrault, 1886 à 1898, 11 vol. in-8º.

Annales de la Société d'Émulation des Vosges. — Épinal, 1831 à 1896, 46 vol. in-8º.

BEAUPRÉ. — *Documents inédits sur la rédaction des coutumes du comté de Vaudémont ; sur les causes qui l'ont empêchée d'aboutir à un texte officiel ; sur la féauté de Vaudémont et les singularités de cette juridiction.* — Nancy, Lepage, 1857, in-8º.

— *Essai historique et bibliographique sur la rédaction officielle et la publication des principales coutumes de la Lorraine ducale et du Barrois.* — Nancy, Grimblot, 1845, in- 8º.

BERMANN (de). — *Dissertation historique sur l'ancienne Chevalerie et la Noblesse lorraine.* — Nancy, Haener, 1763, in-8º.

BONVALOT (Éd.). — *Droits et coustumes de la ville de Remi-remont*. — Paris, 1871, in-8°.

— *Histoire du droit et des institutions de la Lorraine et des Trois Évêchés.* (*Du traité de Verdun à la mort de Charles II.*) — Paris, Pichon, 1895, in-8°.

— *Les féautés en Lorraine.* — Paris, Larose, 1889, in-8°.

— *Les plus principalles et générales coustumes du duché de Lorraine.* — Paris, 1878, in-8°.

— *Le Tiers État d'après la charte de Beaumont et ses filiales.* — Paris-Nancy, 1884, in-8°.

BOURGEOIS. — *Praticque civile et criminelle dans les jus-tices inférieures du duché de Lorraine, confor-mément à celles des sièges ordinaires de Nancy.* — Nancy, Garnich, 1614, petit in-4°.

BOURNON. — *Chroniques, lois, mœurs et usages de la Lorraine au moyen âge,* publiées par J. Cayon. — Nancy, 1838, in-4°.

BOUTEILLIER (de). — *Dictionnaire topographique de l'ancien département de la Moselle.* — Paris, Imprimerie Nationale, 1874, in-4°.

Bulletin de la Société philomatique vosgienne. — Saint-Dié, 1876 à 1897, 21 vol. in-8°.

CALMET (Dom). — *Histoire de Lorraine.* — Nancy, Leseure, 1745-1757, 7 vol. in-f°.

Coutumes du bailliage de Clermont, séant à Varennes, rédigée audit lieu de Clermont, le 28 janvier 1572. (Manuscrit appartenant à M. Marcel Raulin de Nancy.)

Coutumes générales du duché de Lorraine pour les bail-liages de Nancy, Vosge et Allemagne. — Nancy, Garnich, 1614, in-12.

Coutumes de la ville d'Épinal et du Ban, publiées par Ch. Ferry. — Épinal, 1892, in-8°.

Coustumes générales du bailliage de Bassigny... avec le style contenu au cayer suivant. — Pont-à-Mousson, Melchior Bernard, 1607, in-4°.

Coustumes du bailliage de Saint-Mihiel avec les ordonnances faictes sur le style et le règlement de la justice au siège dudict bailliage et ès justices y ressortissantes. — Pont-à-Mousson, Melchior Bernard, 1599, in-4°.

Digot. — *Histoire de Lorraine.* — Nancy, Vagner, 1856, 6 vol. in-8°.

Documents rares ou inédits de l'histoire des Vosges, rassemblés et publiés au nom du Comité d'histoire vosgienne, par L. Duhamel, Chapelier, Chevreux et Gley. — Épinal, veuve Gley, 1868 à 1891, 10 vol. in-8°.

Dumont. — *Justice criminelle des duchés de Lorraine et de Bar, du Bassigny et des Trois Évêchés.* — Nancy, 1848, 2 vol. in-8°.

Esmein. — *Histoire de la justice criminelle en France.* — Paris, 1882, in-8°.

Fabert (Abraham). — *Remarques sur les coustumes générales du duché de Lorraine ès bailliages de Nancy, Vosge et Allemagne.* — Metz, 1657, in-f°. (Cet ouvrage est de Florentin Le Thierriat).

François de Neufchateau. — *Recueil authentique des anciennes ordonnances de Lorraine et de quelques pièces importantes tirées des registres du greffe du grand bailliage de Vosges.* — Nancy, 1784, in-4°.

Gœtsmann. — *Traité du droit commun des fiefs.* — Paris, 1768, 2 vol. in-12.

Gravier. — *Histoire de la ville épiscopale et de l'arrondissement de Saint-Dié.* — Épinal, 1836, in-8°.

GUILLEMIN, de Mirecourt. — *Histoire de Charles IV, duc de Lorraine et de Bar.* — Manuscrit, n° 127 (799 du catalogue imprimé) de la Bibliothèque publique de Nancy.

GUYOT. — *Des assemblées de communautés d'habitants en Lorraine avant 1789.* — s. l., n. d., in-8°.

— *Les villes neuves en Lorraine.* — Nancy, 1883, in-8°.

— *Les forêts lorraines.* — Nancy, 1886, in-8°.

HAUSSONVILLE (D'). — *Histoire de la réunion de la Lorraine à la France.* — Paris, M. Lévy, 1860, 4 vol. in-18 j.

KRUG-BASSE. — *Histoire du Parlement de Nancy* (Annales de l'Est, années 1896, 1897, 1898).

LAFERRIÈRE. — *Histoire du droit français.* — Tome V, Paris, 1858, in-8°.

LECLERC. — *Notice sur Nicolas Remy.* — Nancy, 1869, in-8°.

LEPAGE (H). — *Les archives de Nancy ou documents inédits relatifs à l'histoire de cette ville.* — Nancy, Wiener, 1865-1866, 4 vol. in-8°.

— *Les Communes de la Meurthe, journal historique des villes, bourgs, villages, hameaux et censes de ce département.* — Nancy, Lepage, 1853, 2 vol. in 8°.

— *Le département de la Meurthe, Statistique historique et administrative.* — Nancy, Peiffer, 1843, 2 vol. in-8°.

— *La juridiction consulaire de Lorraine et Barrois et la confrérie des Marchands de Nancy.* — Nancy, 1868, in-8°.

— *Sur la noblesse et le nombre des membres du tribunal des Échevins de Nancy.* — Nancy, 1870, in-8°.

LEPAGE (H.) et DE BONNEVAL. — *Les offices des duchés de Lorraine et de Bar et la Maison des ducs de Lorraine.* — Nancy, Wiener, 1869, in-8º.

LEPAGE (H.) et CHARTON. — *Le département des Vosges, Statistique historique et administrative.* — Nancy, 1847, 2 vol. in-8º.

LESEURE. — *Dissertation historique sur les progrès de la législation en Lorraine.* — Nancy, 1790, in-8º.

LIONNOIS. — *Histoire des villes vieille et neuve de Nancy depuis leur fondation jusqu'en 1788.* — Nancy, Haener, 1805 1811, 3 vol. in-8º.

LUXER. — *L'organisation judiciaire en Lorraine sous Léopold Iᵉʳ et les réformes de ce prince (1698-1729).* — Nancy, Vagner, 1883, in-8º.

— *Les principales institutions judiciaires du duché de Lorraine.* — Nancy, Vagner. 1879, in-8º.

MATHIEU (abbé). — *L'ancien régime dans la province de Lorraine et Barrois (1698-1789).* — Paris, Hachette, 1879, in-8º.

MEAUME (G -E.). — *Histoire de l'ancienne Chevalerie lorraine.* — Nancy, Sordoillet, 1870, in-8º.

— *Les Assises de l'ancienne Chevalerie lorraine.* — Nancy, Wiener, 1874, in-8º.

Mémoires et Bulletins de la Société d'archéologie lorraine. — Nancy, Lepage et Crépin-Leblond, 1850 à 1897, 47 vol. in-8º.

Mémoires de la Société royale des sciences, lettres et arts de Nancy, et de l'Académie de Stanislas. — Nancy, 1835 à 1896, 60 vol. in-8º.

Mémoires de la Société des lettres, sciences et arts de Bar-le-Duc. — Bar-le-Duc, 1871 à 1895, 25 vol. in-8º.

Mémoires de l'Académie de Metz. — Metz, 1821 à 1895, 77 vol. in-8°.

Mémoires de la Société philomatique de Verdun. — Verdun, 1840 à 1894, 14 vol. in-8°.

Mengin. — *Notice sur le barreau lorrain*. — Nancy, 1873, in-8°.

Mory d'Elvange (de). — *États, droits et usages en Lorraine (Lettre d'un gentilhomme lorrain à un prince allemand)*. — Nancy, 1788, in-8°.

Noel. — *Recherches historiques sur l'origine du notariat dans le ci-devant duché de Lorraine*. — Nancy, 1831, in-8°.

— *Mémoires pour servir à l'histoire de Lorraine*. — Nancy, 1838 à 1845, 6 vol. in-8°.

Ordonnances, statuts, privilèges et règlements accordés par les ducs de Lorraine aux marchands, juges consuls dudit duché. — Nancy, 1713 et 2ᵉ édition en 1743, in-4°.

Pauffin. — *Essai sur l'organisation et la juridiction municipale au moyen âge (Nord et Est de la France)*. Paris, Thorin, 1886, in-8°.

Pfister. — *Histoire de Nancy*, tome Iᵉʳ (des origines à la mort de René II). — Nancy, Kreis, 1896 g. in-8°.

Recueil de documents sur l'histoire de Lorraine (publication de la Société d'Archéologie lorraine). — Nancy, Lepage et Crépin-Leblond, 1855 à 1896, 18 v. in-8°.

Recueil de chartes et lettres patentes relatives aux Assises, aux États, aux franchises de la Noblesse, du Clergé et des villes de la Lorraine. — Manuscrit 124 (102) de la Bibliothèque publique de Nancy.

Recueil des édits, ordonnances, déclarations, traités et concordats de Lorraine (de Léopold Iᵉʳ à Louis XVI) — Nancy, 1733 à 1786, 16 vol. in-4°.

ROGÉVILLE (Guillaume de). — *Dictionnaire historique des ordonnances et des tribunaux de la Lorraine et du Barrois.* — Nancy, 1777, 2 vol. in-4º.

— *Jurisprudence des tribunaux de Lorraine, précédée de l'histoire du Parlement de Nancy.* — Nancy, 1785, in-4º.

SAINT-MAURIS (de). — *Études historiques sur l'ancienne Lorraine.* — Nancy, Vagner, 1861, 2 vol. in-8º.

SCHUTZ (F.). — *Tableau de l'histoire constitutionnelle et législative du peuple lorrain ; suivi de documents inédits.* — Nancy, Grimblot, 1843, in-8º.

THIBAULT. — *Histoire des lois et usages de la Lorraine et du Barrois dans les matières bénéficiales.* — Nancy, Antoine, 1763, in-fº.

THILLOY (J.). — *Les institutions judiciaires de la Lorraine allemande avant 1789.* — Metz, Nouvian, 1864, in-8º.

THOMAS. — *Des origines politiques de la juridiction souveraine des gradués en Lorraine.* — Nancy, Vagner, 1881, in-8º.

TROPLONG. — *De la souveraineté des ducs de Lorraine sur le Barrois mouvant.* — Nancy, 1832, in-8º.

VAUGEOIS. — *François Guinet, jurisconsulte lorrain.* — Nancy, 1868, in-8º.

N. B. — Il y a lieu d'ajouter à cette bibliographie incomplète de nombreuses monographies et d'autres ouvrages, dont quelques-uns sont cités dans les notes.

Table des Matières

Nancy. — Imprimerie A. Crépin-Leblond, 21, rue Saint-Dizier.